环保财政支出政策的环境效应及优化策略研究

田嘉莉 著

中国财经出版传媒集团

经济科学出版社

Economic Science Press

图书在版编目（CIP）数据

环保财政支出政策的环境效应及优化策略研究／田嘉莉著. --北京：经济科学出版社，2022.10

ISBN 978 - 7 - 5218 - 3945 - 6

Ⅰ.①环… Ⅱ.①田… Ⅲ.①环境保护事业－财政支出－财政政策－研究－中国 Ⅳ.①F812.457

中国版本图书馆 CIP 数据核字（2022）第 155429 号

责任编辑：杨晓莹
责任校对：王肖楠
责任印制：张佳裕

环保财政支出政策的环境效应及优化策略研究

田嘉莉 著

经济科学出版社出版、发行 新华书店经销

社址：北京市海淀区阜成路甲 28 号 邮编：100142

教材分社电话：010 - 88191309 发行部电话：010 - 88191522

网址：www. esp. com. cn

电子邮箱：bailiujie518@ 126. com

天猫网店：经济科学出版社旗舰店

网址：http: //jjkxcbs. tmall. com

北京密兴印刷有限公司印装

710 × 1000 16 开 11 印张 200000 字

2022 年 10 月第 1 版 2022 年 11 月第 1 次印刷

ISBN 978 - 7 - 5218 - 3945 - 6 定价：58. 00 元

（图书出现印装问题，本社负责调换。电话：010 - 88191510）

（版权所有 侵权必究 打击盗版 举报热线：010 - 88191661

QQ：2242791300 营销中心电话：010 - 88191537

电子邮箱：dbts@ esp. com. cn）

前　言

改革开放以来，随着工业化进程的快速推进，中国经济取得了举世瞩目的成就，但同时也带来了高强度的污染排放、低效率能源消耗等生态环境问题。生态环境问题不仅制约了我国经济社会的健康发展，还威胁到了人民的生命健康。近年来，我国政府对环境保护问题高度重视，环境保护已提升至国家战略高度。由于生态环境属于典型的公共产品，具有很强的外部效应和代际效应，市场机制无法有效地配置环境资源，市场失灵的现象时有发生，因此环境问题亟须政府进行干预、引导。财政支出是政府职能和政策最直接的手段，因此我国政府出台了一系列环保财政支出政策促进环境改善。2006年财政部、国家环保总局（现生态环境部）联合发布了《关于环境标志产品政府采购实施的意见》，并制定我国首份环境标志性产品清单，标志着我国正式启动政府绿色采购；2007年政府收支分类改革首次将环境保护支出科目列入预算；2008年在均衡性转移支付下设立国家重点生态功能区转移支付；在此之后，先后设立了节能环保减排专项补助资金、水污染防治专项资金、大气污染防治专项资金等中央环保专项转移支付。近年来，随着生态环境法律法规、地方性条例及导则的不断出台，地方政府探索式地出台了一系列横向转移支付政策，用以解决区域（流域）间经济生态利益冲突问题。环保财政支出政策成为我国政府对生态环境问题进行干预、引导的主要手段之一。因此，环保财政支出政策对环境质量影响的方向及程度问题成为学术界关注的重点问题。

此前，已有大量学者对此问题做了系统深入的研究，取得了丰富的成果。但随着社会经济的持续发展，对环境质量要求的不断提高，我国环保财政支出政策所包含的内容和衡量环境质量的方式也在不断丰富完善；此前研究内容主要集中于节能环保预算财政支出政策的环境效应，而较少研究其他环保财政支出政策的环境效应，环保财政支出政策的环境效应实证研究存在不够全面的问题。综合历史和现实情况，本书主要在以下三个方面进行拓展：第一，拓展了研究视角，运用系统论的思想探索环保财政支出政策对环境质量影响的内在机理；第二，扩展了研究思路，认为环保财政支出政策对环境质量的影响并不是独立的，而与整个经济社会系统有关，有些外在因素会削弱或增强环保财政支出政策的环境效应；第三，拓宽了实证研究范围，突破以往研究中的数据限制，较为全面地对环保财政支出政策的环境效应进行实证分析，除了包含大多数文献中对节能环保预算财政支出政策的环境效应进行实证分析外，还将中央环保财政转移支付政策和绿色采购政策也纳入环保财政支出政策环境效应的实证分析框架中。本书的基本内容包括：

第一，构建了环保财政支出政策对环境质量影响的理论框架。梳理我国环保财政支出政策对环境质量影响的理论依据和内在逻辑，并对影响环保财政支出政策环境效应的外在因素进行研判。政府制定环保财政支出政策在于解决生态环境问题，促进环境质量的改善，最终达到经济社会可持续发展。目前，我国环保财政支出政策主要包括节能环保预算财政支出政策、国家重点生态功能区转移支付政策、中央节能环保专项转移支付政策和政府绿色采购政策。除政府绿色采购政策外，其他环保财政支出政策均为直接支持环境或相关公共产品、服务的供给，以促进环境质量的提升；而政府绿色采购政策为通过购买绿色产品间接引导环境质量的提升。通过研究表明，环保财政支出政策可以促进环境质量的提升，同时这些环保财政支出政策会受到政府失灵、环境保护事权划分和绿色技术创新等外部因素的影响。

第二，客观分析了我国环保财政支出政策和环境质量的现状。为了优化我国环保财政支出政策，需要全面掌握我国环保财政支出政策和环境质量的现状。首先，我国环保财政支出政策是在一定经济发展和环境质量状况下产生的，直到20世纪才开始日益丰富和完善，并且各类环保财政支出的资金规模不断扩大。其次，地方政府在环保事业上的主动性逐渐增强，各级政府不断加强能源节约方面的重视程度，但我国环境保护的财政支出政策建设还存在一些问题，如节能环保预算财政支出规模增长不稳定，且占GDP的比重较低；地方本级节能环保预算财政支出规模不断扩大，已远大于中央节能环保转移支付等。最后，运用复合指数对我国环境质量进行测算，根据国家发布的重要规划、意见及指标体系，结合节能环保预算财政支出范围及结构，选取合理的指标构建环境质量评价指标体系，并对环境质量综合指数进行测算，结果显示我国环境质量综合指数呈现上升趋势，表明我国环境质量有所改善。

第三，对我国各项环保财政支出政策的环境效应进行了实证分析。分别构建静态面板模型、动态面板模型和时间序列模型，对各项环保财政支出政策的环境效应进行实证分析。结果显示，各类环保财政支出政策均有助于环境质量提升，但也分别存在各自的特点。例如，节能环保财政支出科目中"污染防治"占比最高，但其污染治理的效果并不理想；由于国家重点生态功能区转移支付政策的双重目标，地方政府主要使用预期转移支付资金来实现"保护生态环境"的政策目标；节能环保专项资金占地方节能环保财政资金的比重增大将不利于环境质量的改善，因此需要扩大地方本级的节能环保财政支出；由于受到节能技术水平的限制，扩大政府环保采购规模比扩大政府节能采购规模更有利于我国环境质量的改善。此外，有些外在因素会削弱环境财政支出政策的环境效应。财政收支缺口增大会削弱国家重点生态功能区转移支付政策的环境效应，因此地方应缩小财政收支缺口使国家重点生态功能区转移支付政策的环境效应提高，中央应将更多的国家重点生态功能区转移支付资金分配给财政收支缺口小的地区；财政自给率的提高会削弱节能环保专项资金的环境效应，因此中央应将环保专项资金分配给财政自给率低的地方；技术创新会削弱政府环保采购的环境效应。有些外在因素会增强环境财政支出政策的环境效应。上期环境质量提升较大的地区可以增强当期国家重点生态功能区转移支付政策的环境效应，证明国家重点生态功能区转移支付的激励机制是有效的；技术创新会增强政府节能采购的环境效应。除此之外，有些因素对环境质量的影响也值得关注，如上期环境质量变好、对外开放水平提高和财政自给率提高等均可以促进环境质量的提升；城镇化进程推进和财政收支缺口增大会导致环境质量下降；工业化程度提升会导致环境质量下降，但在国家重点生态功能区，第二产业比重增加对环境质量的提升是有利的。

第四，结合现实情况分析了我国环保财政支出政策存在的问题及原因。我国财政支出政策还存在支出力度不足和支出结构不合理的现象。此外，各环保财政支出政策还存在一些缺陷，环保资金管理制度仍不够健全。

第五，提出了我国环保财政支出政策的优化策略。首先，为了建立长期稳定的环保财政支出增长机制，需要建立环保财政支出政策联动机制，加大中央环保财政支出力度，并在一般性转移支付中考虑环境因素。其次，对国家重点生态功能区转移支付政策、中央环保专项转移支付政策和政府绿色采购政策进行完善，并探索生态补偿横向转移支付制度。再次，建立政府环保投入为主导的多元化环保投入来源机制，可以推进环保类 PPP 模式，构建包括绿色信贷、绿色债券、绿色发展基金和环保融资租赁等绿色金融体系。最后，要加强科学技术创新、合理划分环境事权、构建绩效评价体系、不断完善绿色税制、加大环境保护宣传等，提高我国环保财政支出政策环境效应。

目　　录

导　　论

一、研究背景与研究意义

（一）研究背景

1. 环境问题日益严重已制约了我国经济社会健康发展

改革开放以来，中国经济增长速度举世瞩目。工业化和城镇化的快速推进，使中国成为"世界工厂"和人类历史上城镇化规模最大的国家。然而，中国经济在发展之初是高投入、高消耗和高排放的粗放式经济，付出了重大的环境代价，由此带来的大气污染、水污染等环境问题威胁到人们的生命健康。近年来，中国经济进入新常态，经济增长速度放缓，过去的粗放增长模式遇到了瓶颈，经济下行压力加大；"营改增"冲击了地方政府的财政收入，一些地方政府和企业治污决心和行动出现迟疑，有的企业甚至偷排污染物，监管难度加大；在产业区域梯度转移带动下，资源消耗、环境污染出现了空间结构变化，污染排放转移问题凸显。

2. 环境保护已上升到国家战略高度

近些年来，伴随着我国社会主义市场经济的快速发展，人们的生活水平得到了显著提高，此时我国的社会主要矛盾转化为人民日益增长的美好生活需要和不平衡不充分的发展之间的矛盾。而在这矛盾之中，生态环境问题尤为突出，并且逐渐成为民生之患、民心之痛，严重地阻碍了人们对于美好生活的向往。政府意识到经济增长和环境保护之间要有所权衡，环境保护成为政府关注的重点问题。多年来，我国对于环境保护问题的探索和认知经历了较为曲折的过程。2006 年，国家财政预算科目中正式增设了环境保护支出科目，明确地体现了国家对于环境保护重视程度。国家"十一五"规划首次把环境保护目标确定为具有法律效力的约束性指标。在党的十七大报告中，首次提出"生态文明"的概念，随后十八大将生态文明建设纳入社会主义现代化建设总体布局。十八届五中全会首次提出五大发展理念，绿色发展理念位列其中。十九大将坚持人与自然和谐共生作为新时代坚持和发展中国特色社会主义的基本方略之一，将建设美丽中国作为全面建设社会主义现代化国家的重大目标，提出着力解决突出环境问题。由此看来环境保护已上升到国家战略高度。

3. 政府干预环境效果已初步显现

随着我国经济的不断发展以及供给侧结构性改革的不断推进，我国经济可持续发展的要求越来越高，而资源环境是支撑我国经济可持续发展的基础和保障，它不仅是促进我国经济发展的内生变量，而且很大程度上是我国经济发展规模和发展速度的刚性约束，需要采取一系列的手段对环境问题进行干预。环境是一种重要资源，也是公共产品，具有较强的外部性和跨区域性，"搭便车"的心理导致市场机制存在失灵，需要政府在促进环境保护的过程中要发挥重要作用，通过法律手段、经济手段和行政手段等对环境质量进行干预。自党的十八大以来，我国不断加大对于环境治理的力度，很大程度上改善了我国的环境状况。2021 年全国 338 个地级及以上城市 PM_{10} 平均浓度较2013 年下降 80.1%；全国氮氧化物、挥发性有机物、化学需氧量、氨氮排放总量同比分别减少 3.2%、3.2%、1.8%、3.1%；[1] 全国万元国内生产总值能耗下降 2.7%，全国万元国内生产总值二氧化碳排放下降 3.8%。[2]

4. 旨在改善环境质量的环保财政支出政策陆续出台

由于财政支出是政府职能和政策的最直接反映，[3] 因此为大力改善环境质量，保护我国生态环境，实现绿色发展，我国出台了一系列环保财政支出政策，将财政资金以不同形式投入到环境保护的各个方面。2006 年我国正式启动政府绿色采购，发布了《关于环境标志产品政府采购实施的意见》，并制定了我国首份环境标志性产品清单；2007 年政府收支分类改革首次将环境保护支出科目列入预算；2008 年在均衡性转移支付下设立国家重点生态功能区转移支付；在此之后先后设立了节能减排专项补助资金、水污染防治专项资金、大气污染防治专项资金等中央环保专项转移支付。此外，地方层面近年来也开始出台了一系列横向转移支付政策解决区域（流域）间经济生态利益冲突，2011 年浙江与安徽两省在中央财政的支持下主动沟通与协调，建立

---

① 国务院关于 2021 年度环境状况和环境保护目标完成情况的报告.

② 中华人民共和国 2021 年国民经济和社会发展统计公报.

③ 陈共. 财政学：第九版［M］. 北京：中国人民大学出版社，2017.

了我国首个横向生态补偿试点——新安江生态补偿试点，推动了我国环境保护横向转移支付制度的发展。

基于以上背景，本书拟解决以下几个问题：第一，环保财政支出政策与环境质量之间的关系是怎样的？第二，环保财政支出政策是否对环境质量的提升具有促进作用？第三，哪些因素影响了环保财政支出政策的环境效应？第四，如何优化环保财政支出政策？为此，本书首先对环保财政支出政策对环境质量影响进行理论分析，厘清其理论依据和内在逻辑；其次，对环保财政支出政策和环境质量呈现的现状进行分析；再次，运用现代经济学研究方法对环保财政支出政策的环境效应进行实证检验；最后，基于理论、现状和实证分析结果，结合现实情况分析我国环保财政支出政策存在的问题及原因，并提出相应的环保财政支出政策优化策略，为我国进一步健全和完善环保财政支出政策提供参考。

（二）研究意义

第一，为构建现代环境治理体系提供参考。党的十九大报告中提出"构建政府为主导、企业为主体、社会组织和公众共同参与的环境治理体系"；2020年3月，国务院印发了《关于构建现代环境治理体系的指导意见》进一步贯彻了十九大会议精神，因此研究环保财政支出政策的环境效应，有助于完善和制定环保财政支出政策，为构建以政府为主导的现代环境治理体系提供参考。

第二，为合理分配环保财政资金提供依据。本书认为，将国家重点生态功能区转移支付资金分配给财政收支缺口小和环境质量提升较多的地区，将中央环保专项转移支付资金分配给财政自给率低的地区，其政策的环境效应会更好。在目前技术水平下更多地增加政府环保采购比增加政府节能采购更有利于环境质量的提升。因此，提升环保财政支出政策的环境效应有助于提升我国环保财政资金配置效率。

第三，为合理划分环境事权奠定相关理论基础。环境事权是明确政府与市场、中央与地方政府环保责任的基础，事权的合理划分有助于各级政府落实基本公共服务提供责任，提高基本公共服务供给效率，促进各级政府更好履职尽责。因此，本书在研究环保财政支出政策的环境效应时，运用环境分权指标来表示我国环境事权划分情况，发现扩大环境分权不利于环境质量的提升，即地方政府过大的环境管理权将不利于环境质量的提升。所以，环保事权划分可以适当集权。

二、文献综述

(一) 关于环保财政支出政策的研究

环保财政支出政策的研究起源于外部性和公共产品理论，解决环境问题的核心是解决环境问题导致的市场失灵。大量学者对环境政策效果进行了研究，主要有两种观点：第一，环境政策效果明显。马加特等（Magat et al.，1990）运用 OLS 方法进行实证检验得出，环境规制可以减少企业 20% 的生物需氧量和固体悬浮物排放量的排放。拉普朗特等（Laplante et al.，1996）发现美国相关行业的环境政策有利于减少污染物的排放。维塞玛和德林克（Wissema W，Dellink R，2006）通过运用 CGE 模型来分析爱尔兰碳税的征收对其经济的影响，结果表明碳税的征收对于其生产及消费的方式产生了显著影响。王启等（2019）研究发现，环保财政支出与大气污染程度呈倒 "U"形，财政资金的投入能有效改善大气污染状况，在达到治理拐点前存在财政环保支出的边际效率递减规律。冯海林等（Feng Hailin et al.，2022）认为规模上政府财政支出能够显著提高绿色经济绩效，结构上人力资本和可再生能源方面的政府支出可以通过劳动力和技术的发展推动绿色经济发展。第二，环境政策效果不明显。戈尔达（Goldar，2006）通过对印度集群产业的环境政策进行研究分析，发现其对下游的水质量没有显著的改善作用。布莱克曼（Blackman，2010）通过研究墨西哥环保机构对于环境监察次数的调整，来观察企业对于先进的 "净化" 技术的使用情况，发现正式的环境政策并没有发挥其应有的作用。叶利夫等（Elif et al.，2001）认为 "向污染者收费" 的政策机制会使政府与企业之间产生讨价还价的问题，从而降低环境治理的效率。李永友等（2008）研究发现，环保财政补助与环保贷款对控制污染的作用有限。

环保财政支出政策是环境政策的重要组成之一，是改善环境质量的有效手段，因此需要进一步健全和完善环保财政支出政策。苏明等（2008）从政府职能的角度认为公共财政在环保事业中承担着重要职责，并针对当时我国环保财政投入所存在的问题及原因进行了分析，提出要加大环保财政支出力度，建立环保财政支出预算保障机制，保证环境保护财政事权与财权相统一，健全环境财政转移支付制度以及环境保护公共政策。刘晓佳（2010）认为财政政策手段作为国家管理公共事务的常用而有效的方式，在环境保护中也担任了非常重要的支持角色，提出要加强中央政府对于环境保护的支持力度，增加环保资金的投入比重，并且优化环境保护税收体系。董战峰等（2012）通过梳理"十一五"期间我国出台的环境经济政策，发现我国各地区均出台了不同类型的环境财政政策，其中东、中部地区主要以环境财政政策、税费政策、资源定价政策为主，而西部地区主要以环境财政政策、税费政策为主，总体而言，东部环境政策多于中西部地区。

环保财政支出政策主要有节能环保财政支出、污染治理投资、财政转移支付、政府绿色采购。张玉（2014）认为财政支出手段包括污染治理投资、环境保护财政支出、财政转移支付、政府绿色采购等。史丹（2015）认为生态文明建设中央财政转移支付包括对地方一般转移支付、农林水事务专项转移支付、节能环保专项转移支付。环境污染治理投资与环境保护财政支出不同，环境污染治理投资的主体为政府，还包括企业和其他社会团体。2007年之前，学者们以环境污染治理投资代表政府对环境保护的投资（孙刚，2004）。2007年以后，节能环保财政支出列入预算，节能环保财政支出比环境污染治理投资更能准确表达上述内涵。

（二）关于环境质量评价的研究

关于环境质量的评价，目前主要选取可测量并且可获得的环境指标来进行。它包括单一指标、多重指标和复合指标。部分学者运用单一指标，如赵瑞雪（2010）研究河北省财政支出对环境的影响效应时，选取工业二氧化硫排放量作为环境指标。祝愿（2015）在研究广东省环境保护财政支出效果时，用工业废水排放达标率来代表环境保护效果，是因为水污染长期以来一直是广东省环境恶化的主要因素。大多学者使用多重指标，考察不同指标的具体情况。如王亚菲（2011）使用 EW-MFA 框架推导出表示环境污染的主要指标，主要有工业和生活排放到水体的污染物，大气污染物，工业固体废弃物和城市固体废弃物，农村生活排放和畜禽粪便，化肥、农药、农膜使用量和污泥，以及出口物质流。余长林和杨慧珍（2016）采用城市层面的生产性污染物（二氧化硫、工业废水和固体废弃物）指标来衡量环境污染。还有一部分学者运用综合指数来衡量环境治理效应。如祁毓等（2014）在研究中国式环境联邦主义的环境效应时，采用人均工业废气、人均工业粉尘、人均工业废水、人均工业烟尘、人均工业二氧化硫以及人均工业固体废弃物作为环境污染指标，并且综合这六类污染物指标合成为环境污染综合指数，从而分别考察环境分权对于各类污染物以及总体污染状况的影响。朱小会和陆远权（2017）在研究环境财税政策的治污效应时，选取工业三废，即工业废水、工业废气和工业固体废物排放量来度量环境污染综合指数。从以上分析可以看出，指标的选取大多属于污染治理方面，涉及能源节约和生态保护方面较少。刘伟明等（2022）选取万元 GDP 工业废水排放量、万元 GDP 工业二氧化硫排放量、万元 GDP 工业烟（粉）层排放量指标来度量城市环境质量指数。因此，本书在选取评价环境质量的指标时，分别选取在污染治理、能源节约和生态保护 3 个方面具有代表性的指标，构建环境质量评价指标体系，以全面综合衡量我国环境质量。

（三）关于环保财政支出政策环境效应的研究

1. 节能环保预算财政支出政策的环境效应

学者普遍认为节能环保预算财政支出对环境质量的提升有积极作用，但政策的环境效应与不同地区、不同污染物、政府环境偏好、经济发展阶段等因素有关。[①] 孙刚（2004）为了研究环保投资对环境质量的影响，将环保投资因素加入了 Stokey-Aghion 模型，研究发现当环保投资对环境质量的边际贡献率长期大于一个临界值时，能够持续改善环境状况。巴曼等（Barman et al.，2010）通过运用内生增长模型进行实证研究，发现随着政府公共财政支出政策的不断优化能够有效地改善环境质量。王亚菲（2011）研究发现各省之间财政环保投入的作用差异明显，但是环境污染治理投资有利于改善上年度环境污染治理状况。博斯坦等（Bostan et al.，2016）研究了欧洲的环境支出政策，研究发现其有助于减少空气污染。张玉（2016）通过构建固定效应模型得出环境保护财政支出增加 1%，工业污染物排放量降低 0.11%，财政政策的环境治理效应明显。朱小会等（2017）中国环保财政支出与环境污染物排放显著负相关，环保财政支出具有显著的污染治理效应，应加大环保财政支出。顾程亮等（2016）基于政府生态行为的视角，运用实证方法来研究财政节能环保投入对区域生态效率的影响，结果表明环境财政支出政策与区域生态效率之间的联系很大程度上取决于该区域经济发展所处的阶段。田淑英等（2016）研究发现我国地方政府的环保财政支出政策对环境治理的直接

① Bostan I, Onofrei, M, Dascalu. E. D, Frtescu, B, Toderascu. C. Impact of Sustainable Environmental Expenditures Policy on Air Pollution Reduction, During European Integration Framework [J]. Amfiteatru Economic Journal. 2016, 18（42）：286 - 302.

效应和间接效应均有显著影响，并且政府环境偏好会显著影响效应的强弱，当政府对环境质量的偏好较高时，环保财政支出每增加 1% ，可引致废水排放量降低 1.3% 。李宏岳等（2017）通过研究发现地方政府财政环保投入对于水污染治理的效果明显，而对固体污染以及废气污染的治理效果一般。姜楠（2018）认为环保财政支出不仅可以引致社会资本、刺激技术创新促进地区经济发展，而且可以提高地区技术水平从而促进地区污染减排，但环保财政支出的规模和增速仍落后于当前的环境治理期望，形成的工业污染源治理投资规模偏低。田嘉莉等（2022）认为财政支出政策能够实现减污降碳协同效应，但其减污降碳效应根据政策或污染物的不同而有所差异。

2. 国家重点生态功能区转移支付政策的环境效应

生态环境保护实践中，由于我国在生态环境保护方面还存在着结构性的政策缺位，生态效益保护者与受益者、破坏者与受害者之间的分配不合理，使我国生态环境保护面临很多困难，严重影响我国社会经济的可持续发展（杨光梅等，2007）。在这种情况下，生态补偿成为我国有效解决这种困境的经济手段，生态补偿机制分为政府补偿机制和市场补偿机制，其中环保财政转移支付政策是政府生态补偿机制的主要手段（刘强等，2009）。环保财政转移支付也称为生态转移支付，巴西是最早在州和市县间建立生态转移支付的国家，研究发现其生态转移支付政策实施最早的 10 年，政府加大了对生态环境的支出，使生态保护区的数量和面积都得以扩张，但之后生态保护区的面积几乎没有增加（Saugquet et al.，2012）。刘炯（2015）认为生态转移支付中"奖励型"和"惩罚型"两种不同的激励方式产生了不同的制度效果，前者有助于提升环境投入，后者有助于强化环境规制。重点生态功能区制度确有改善环境质量的作用（张文彬等，2015；徐鸿翔等，2017），但这种促进作用较为微弱（李国平等，2014），而根据缪小林等（2019）的研究认为，其发挥的作用途径与地方支出行为有关。何明刚（2021）研究环保专项转移支付和国家重点生态功能区转移支付对地方环保支出规模的影响，发现中央对地方增加每 1 元/人环保专项转移支付会引起地方政府约 0.65 元/人的环保支出；每 1 元/人重点生态功能区转移支付会引起地方政府约 1.20 元/人的环保支出。

3. 中央环保专项转移支付政策的环境效应

鲜有学者对我国中央环保专项转移支付政策对生态环境质量的影响进行实证研究。陆少秀（2015）研究专项资金投入对其节能减排效果的影响，并分析在不同地区，其显著性存在差异。结果发现与其他地区相比，东部地区节能减排专项资金使用效果更显著。程亮等（2017）中央大气污染防治专项资金对于大气污染治理发挥了重要作用，带动地方改善大气环境质量效果总体显著。我国学者对中央环保财政转移支付政策的研究大多集中在必要性和制度设计上，而对中央环保财政转移支付政策的环境效应研究得较少，主要是因为我国生态转移支付种类多、区域分布广，且生态环境指标获取较为困难。

4. 政府绿色采购政策的环境效应

学者主要从理论上分析政府绿色采购对环境质量影响的途径，认为政府绿色采购可以通过增加绿色产品规模、刺激企业技术进步和示范效应这三种方式促进环境质量的提高。埃德门格（Erdmenger，2003）认为政府在购买产品时，如果产品的质量和功能相同或相似，应当选择购买更有利于环境保护的产品。杨志安等（2005）认为政府绿色采购能够提升企业的绿色生产技术，对各行业起到带头示范作用，鼓励企业更好地发展绿色生产技术，从而整体实现可持续发展。王金秀（2006）认为政府绿色采购培养了一大批绿色产品和绿色产业，促进了绿色消费市场的形成，并提高了公众环境意识。周国梅（2007）研究发现政府绿色采购行为有利于促进绿色消费市场的形成，提高企业和市场的环保意识，推动绿色产业和技术的发展。秦鹏（2007）认为政府绿色采购可以通过示范效应引导绿色生产和消费，还可以通过扶持效应帮助环保型企业进行清洁性生产。董艳霞（2010）提出由于政府采购的规模效应和示范效应，实施绿色采购不仅能够直接减少政府活动对环境的影响，还可以为社会各界树立良好的节能榜样。许光（2011）认为采购的绿色产品由于其具有节能环保的特性，因此可以减少污染排放并节约能源，同时可以激励绿色技术开发，降低绿色产品成本，倡导绿色消费观念，促进绿色产业形成。张凤（2015）认为政府绿色采购可以促进绿色生产与消费，进一步推动绿色环保产业的发展。郑雪（2016）认为政府绿色采购的生态效应主要是体现在增加了市场对于绿色节能环保产品的需求，大量购买鼓励了现有绿色企业改进技术，引导消费者的消费理念，形成健康绿色的消费市场进而达到保护生态的目的；傅京燕等（2017）认为政府实施绿色采购能带动龙头企业、品牌企业甚至中小型企业积极进行绿色采购，达到政府和企业共同进行绿色采购的目的，能产生一定的示范效应，激励生产企业进行技术创新开发绿色产品，同时激励现有实施绿色供应链的企业，从而加速我国绿色产业的形成与发展。

有关政府绿色采购政策对环境质量影响的实证研究较少，但政府绿色采购的节能减排效果得到了学者的普遍认可。雷纳迪斯（De Leonardis，2012）认为电力政府绿色政策可以显著地降低欧盟二氧化碳和水资源消费。李伯庚（Rietbergen，2013）研究发现政府绿色采购可以降低能源的使用，并减少二氧化碳的排放量。曹润林（2015）认为窄口径政府采购支出一定程度上发挥了节能环保效应，而宽口径下的政府采购支出未能较好地发挥节能环保效应。贾蒙蒙（2017）采用二维矩阵分析法评估绿色采购中二氧化碳排放量、节约电量、燃油和燃煤量均有所下降。

（四）环保财政支出政策环境效应的影响因素

首先，环保财政支出政策的环境效应受到财政分权的影响。环保财政支出政策对环境质量的影响是在我国财政分权的背景下产生的，而财政分权对环保财政支出政策所产生的环境效应将最终体现在环境质量上。关于财政分权对环境质量的影响，不同的学者持有不同的观点。有的学者认为财政分权有利于环境质量的提高，以蒂伯特（Tiebout，1956）的"用脚投票"理论为代表，认为财政分权可以促使地方政府发挥主观能动性来提供更多的包括环境以及其他的公共产品，从而吸引人们到该地居住。谭志雄（2015）等通过建立环境财政投入产出模型来实证研究我国财政分权与环境污染之间的关系，结果表明我国财政分权与环境污染之间呈现负相关关系，并且就各地区而言，我国东部地区财政分权度高，环境治理资金较为充裕，从而可以有效控制并减少环境污染。但更多的学者认为财政分权不利于环境质量的提高。以钱颖一（1997）为代表认为政府官员会受到自身利益驱使而做出与辖区居民的愿望相违背的决策。由于中国的财政分权体制具有"财政集权，经济分权"的特征（蔡昉，2008），同时地方政府的绩效考核方式长期以来都是以经济增长为中心，使地方政府财政支出偏向经济支出，而对环境保护等公共服务的支出供给不足（傅勇等，2007）。范子英等（2009）认为环境污染问题的产生很大程度上是由于经济增长造成的，并且建立非期望产出模型进行实证分析，结果表明财政分权以环境污染来衡量非期望产出的增加。潘孝珍（2009）通过 DEA 方法测算地方政府环境保护支出效率，并得出财政分权度与地方政府环境保护支出效率具有显著的负相关关系。张克中等（2011）通过对我国 1998～2008 年的经济数据进行实证研究，结果发现我国财政分权与碳排放呈现正相关，表明我国财政分权一定程度上不利于地方政府对于碳排放进行管制。郑周胜（2012）通过建立多任务委托—代理模型来分析中央与地方之间的利益博弈，研究发现地方政府为了达到相应的绩效考核目标会以牺牲环境为代价，表明财政分权制度不能有效地提高地方政府对于环境保护的积极性。薛刚等（2012）通过对中国 30 个省份面板数据进行分析，研究发现以支出分权度衡量的财政分权指标与污染物排放规模之间呈现负相关关系，即财政分权度越高，污染物排放规模越大。

其次，环境分权也是环境财政支出政策环境效应的重要因素之一。环境保护职能在我国不同级次政府间合理配置已被认为是制定有效的环境政策的关键（Sigman，2007；Banzhaf and Chupp，2010）。因此，财政支出政策的环境效应与环境基本公共产品供给责任有关，即与我国环境事权划分有关。不同种类以及不同性质的环境质量公共产品应有不同的政府提供，当环境质量作为一种纯公共产品，此时的环境质量受所有地区的污染物排放的影响，不会考虑各地区间环境污染所产生的外部性，例如温室气体和臭氧层减少，对于这类环境质量问题，需要由中央政府统一解决，全面治理。当环境质量是地方性公共产品时，地方环境质量仅受本地区环境污染的影响，例如地区内汽车尾气、固体污染物和本地湖泊污染，由本地政府独立提供。由于环境污染具有很强的外部性，因此一个地区的环境污染会使相邻地区的环境质量受到影响，此时需要中央政府统一出台环境保护政策（Oates，2002）。祁毓等（2014）运用环境机构人员分布数据测算环境分权，发现环境分权与环境污染之间呈现出显著且稳定的正相关关系，西部地区环境分权的负面影响更为明显，伴随着环境分权度的下降，其年度效应逐步降低并由正转负，凸显了近年来中央政府环保干预力度加大的有效性和重要性。

再次，技术进步在影响环保财政支出政策的环境效应中也起到了十分重要的作用。阿里克·莱文森（Arik Levinson，2009）通过分析美国制造业技术发展情况与环境质量的关系，发现美国制造业技术的进步很大程度上改善了环境质量。沈可挺（2011）研究表明高能耗产业的环境全要素生产率的提高主要是由于技术进步。徐祯（2018）认为技术进步变化可以显著地降低工业废水排放量。贾品荣（2018）提出技术进步是低碳发展的核心驱动力。

最后，政府行为、对外开放等对环保支出政策环境效应均有影响。政府行为也会使环保支出政策的环境效应发生改变，林（Ring，2002；2007）以德国各城市作为研究对象，发现在接受了各州政府的生态转移支付后，资金主要用于环境治理效果比较明显的领域，如污染终端治理，而环境投入治理效果不明显或者绩效不突出的领域资金投入较少，如水土涵养和森林养护等方面。朱小会（2017）认为开放经济对环保财政支出的污染治理效应具有门槛效应，保持适度的对外开放可以提升环保财政支出的污染治理效应。

（五）文献评述

学者对环保财政支出政策环境效应的相关研究已做了较多的探讨。环境政策的出台是为了解决由于环境外部性和公共产品属性导致的市场失灵，其中环保财政支出政策是环境政策的重要组成之一，也是改善环境的有效手段。环保财政支出政策对环境质量的提升有积极作用，其环境效应在不同地区、不同污染物、不同政府环境偏好或不同经济发展阶段有所不同；并且环保财政支出政策对环境质量的影响不是独立存在的，而是在整个经济社会环境下产生的，因此环保财政支出政策的环境效应并不一定完全符合预期，受到很多外在因素的影响，如财政分权、环境分权、技术进步、政府行为、对外开放等。环保财政支出政策主要包括节能环保财政支出、污染治理投资、财政转移支付和政府绿色采购。对环境质量的评价可以使用单一指标、多重指标或者复合指标。但已有文献存在以下不足：

第一，理论研究缺乏系统性。已有研究不乏对各类环保财政支出政策的研究，而未将其作为一个完整的体系进行系统性的研究，系统梳理和总结不够。

第二，已有文献中对环保财政支出政策的定位存在偏差。随着经济发展和环境质量的变化，我国环保财政支出政策包含的内容也在不断变化。2007年以前，学者通常使用环境污染治理投资来代表政府对环境保护的投资，但环境污染治理投资的主体不仅包括政府，还包括企业和其他社会团体，因此，用来表示政府对环境保护的投资不准确。2007年政府收支分类改革将节能环保财政支出列入预算后，使用节能环保财政支出来表示政府对环境保护的投资比环境污染治理投资更为准确。基于此，目前环保财政支出政策主要包括节能环保预算财政支出政策、中央节能环保财政转移支付政策政府绿色采购政策。

第三，已有文献对环境质量评价的科学性值得进一步探讨。由于环境质量的复杂性，用单一指标或多重指标容易受到主观性的影响，因此需要根据国家发布的规划、意见及指标体系、节能环保财政支出范围及结构和数据可得性多方面考虑客观地选取环境指标，构建环境质量综合评价指标体系对环境质量综合指数进行测算。

第四，已有文献在环保财政支出政策对环境质量影响的实证研究方面不够全面。在目前学者对环保财政支出政策环境效应的实证分析主要集中在研究节能环保预算财政支出政策的环境效应，而对中央环保财政转移支付政策和政府绿色采购政策的环境效应进行实证研究较少。另外，大多集中在研究中央环保财政转移支付政策的必要性和制度设计上，从理论上分析政府绿色采购对环境质量影响的途径。这主要是由于中央环保财政转移支付和政府绿色采购没有省级数据，并且我国生态转移支付种类多、区域分布广，且生态环境指标获取较为困难。因而鲜有学者对这两种环保财政支出政策的环境效应进行实证研究且并不完善。基于此，环保财政转移支付政策方面，由于目前地方层面横向环保转移支付政策还在探索阶段，中央环保财政转移支付政策已较为成熟，因此本书将从中央层面对环保财政转移支付政策的环境效应进行实证研究；政府绿色采购政策方面，将重点考察技术进步对政府绿色采购的环境效应的影响。

三、研究思路与技术路线

（一）研究思路

本书基于对环保财政支出政策的环境效应进行理论、现状和实证分析的结果，提出环保财政支出政策的优化策略，以期提高我国环保财政支出政策环境效应，最终达到经济社会可持续发展。本书具体研究思路如下：

首先，对环保财政支出政策环境效应的理论进行深入探讨。运用系统论的方法将环保财政支出政策、环境质量以及外在因素看作是系统内的各个要素，其中环保财政支出政策与环境质量不断相互作用形成一个小系统。任何事物的产生与发展都是内因与外因相互作用的结果，因此这个小系统不是独立存在的，还受到了其他外在因素的影响。小系统与其他外在因素共同构成一个更大的系统，大系统所呈现出来的现象即为现状。本书理论分析主要回答三个问题：一是环保财政支出政策干预环境的理论依据是什么；二是环保财政支出如何促进环境质量提升；三是哪些因素影响了环保财政支出政策的环境效应。理论分析思路如图0-1所示。

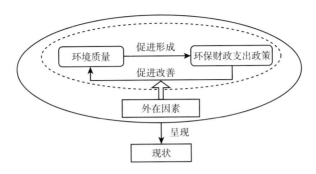

图 0 - 1　理论分析思路

其次，在理论分析的基础上对环保财政支出政策与环境质量相互作用后分别呈现的现状进行分析。第一，对环保财政支出政策的现状分析主要分为两个部分：一是由于环保财政支出政策是在一定经济和环境状况下产生，因此需要通过对环保财政支出政策的形成及发展历程进行梳理，分析不同经济和环境下环保财政支出政策的现状；二是运用具体数据对各环保财政支出政策的实施现状进行描述性统计分析。第二，对环境质量的现状进行分析。由于环境质量的复杂性，因此运用复合指标对环境质量进行测算，从污染治理、能源节约和生态保护三个方面构建环境质量综合指数，并对环境质量综合指数的测算结果进行分析。环境质量综合指数的测算也是后文实证分析的重要依据。

再次，在理论和现状分析基础上，运用实证分析方法对环保财政支出政策的环境效应进行进一步探讨和验证。通过理论分析认为环保财政支出政策对可以促进环境质量的提升，从现状分析发现环保财政支出政策资金规模不断上升，同时环境质量也逐渐提升，但环境质量的提升中是否有环保财政支出政策的作用，若有作用，那么环保财政支出政策的环境效应大小如何；什么因素会影响环保财政支出政策的环境效应，其影响大小如何，这些均需在理论分析的基础上做进一步探讨与验证。因此需要在理论分析和现状分析的基础上运用现代经济学研究方法对环保财政支出政策的环境效应做进一步的实证分析。

最后，提出我国环保财政支出政策的优化策略。结合现实情况分析我国环保财政支出政策存在的问题及原因，并根据理论、现状和实证分析结果提出我国环保财政支出政策的优化策略，为我国进一步健全和完善环保财政支出政策提供参考。

（二）技术路线（如图 0 – 2 所示）

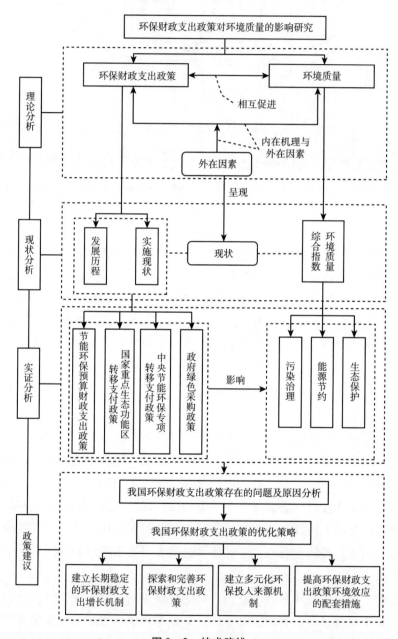

图 0 – 2　技术路线

四、研究内容与方法

(一) 研究内容

主要研究内容如下:

第一部分为环保财政支出政策环境效应的理论分析。首先对环保财政支出政策和环境质量两个要素进行概念界定;其次,从经济学角度阐述环保财政支出政策干预环境的理论依据,认为环境是典型的公共产品,且具有外部效应和代际效应,市场机制提供环境公共产品存在失灵,政府可以对环境进行干预,因此政府制定环保财政支出政策用于解决生态环境问题,促进环境质量的改善,最终达到可持续发展。最后,由于任何事物的产生与发展都是内因与外因相互作用的结果,环保财政支出政策对环境质量的促进作用绝不是偶然的,有着深刻、复杂的内在机理和外在因素。因此分析了我国各项环保财政支出政策对环境质量影响的内在机理,和影响环保财政支出政策环境效应的外在因素。

第二部分为我国环保财政支出政策的发展历程与现状。首先通过对环保财政支出政策演变进行梳理,分析不同时期经济与环境状况下的环保财政支出政策变化,发现环境问题日益严重影响到我国经济社会健康发展时,才逐渐出台了一系列环保财政政策。其次,对环保财政支出政策的实施现状进行分析,发现我国各项环保财政支出政策资金规模均不断上升,说明我国在环境保护方面的重视程度不断提高。

第三部分为我国环境质量综合指数测算。通过复合指标对环境质量综合指数进行测算,并对环境质量的测算结果进行分析,发现我国环境质量综合指数及其内部的污染治理、能源节约和生态保护综合指数均呈现上升趋势,说明我国环境质量也逐渐提升。

第四部分为我国环保财政支出政策环境效应的实证分析。通过构建计量模型,对环境质量的提升是否有环保财政支出政策的作用,若有作用那么环保财政支出政策的环境效应大小如何;什么因素会影响环保财政支出政策的环境效应,其影响大小如何,做进一步探讨。因此本部分在理论分析和现状分析的基础上,对我国各项环境财政支出政策的环境效应分别进行实证分析。

第五部分为我国环保财政支出政策存在的问题及原因分析。联系现实情况来看，我国财政支出政策还存在支出力度不足和支出结构不合理的现象，此外，各环保财政支出政策还存在一些缺陷，环保资金管理制度还不够健全。

第六部分为我国环保财政支出政策的优化策略。首先，目前我国环保财政支出增长稳定性不足，因此需要建立长期稳定的环保财政支出增长机制。其次，由于环保财政支出政策的制度设计上存在一些缺陷和不足，因此需完善已有环保财政支出政策并进一步探索和建立新的环保财政支出政策。再次，虽然政府财政投入是环境保护的主要资金来源，但只依靠环保财政支出已满足不了解决日益增多的环境问题，需建立多元化的环保投入来源机制。最后，应加强科学技术创新、合理划分环境事权、构建绩效评价体系、不断完善绿色税制、加大环境保护宣传等，提高我国环保财政支出政策环境效应。

（二）研究方法

第一，文献研究法。全面梳理国内外研究环保财政支出政策环境效应的相关文献，并进行收集、整理、归类、分析，提炼重要观点，全面掌握环保财政支出政策的环境效应的研究进展。

第二，比较研究法。分地区、分类别横纵向比较分析环保财政支出政策的环境效应，探讨对政策效应影响的外在因素。

第三，实证研究法。分别构建静态面板模型、动态面板模型、时间序列模型等，对环保财政支出政策对环境质量是否有影响，影响大小，以及影响环保财政支出政策环境效应的外在因素进行实证分析。

五、创新点

本书的创新之处主要体现在以下三点：

第一，拓展了环保财政支出政策对环境质量影响的研究视角。首次系统性地分析环保财政支出政策对环境质量的影响。环保财政支出与环境质量之间是一个双向促进的过程，环境质量问题日益凸显阻碍了经济社会的健康发展，促进了环保财政支出政策的形成与产生；由于环境作为公共产品具有外部性，市场机制提供环境公共产品存在失灵，政府可以对环境进行干预，因此环保财政支出政策反过来又促进环境质量的改善，最终达到经济社会可持续发展。而环保财政支出政策对环境质量的促进作用绝不是偶然的，还受到了其他外在因素的影响，调节和控制外在因素对环保财政支出政策环境效应的影响，可以使环保财政支出政策的环境效应稳定地趋向最优。

　　第二，扩展了环保财政支出政策对环境质量影响的研究思路。很多研究仅研究环保财政支出政策对环境质量的影响，没有考虑到环保财政支出政策对环境质量的影响不是独立存在的，而与整个经济社会系统有关，有些因素会削弱环保财政支出政策的环境效应，如财政收支缺口增大会削弱国家重点生态功能区转移支付政策的环境效应，财政自给率的提高会削弱节能环保专项资金的环境效应，技术创新会削弱政府环保采购的环境效应；有些因素会增强环境财政支出政策的环境效应，如上期环境质量提升较大可以增强当期国家重点生态功能区转移支付政策的环境效应，技术创新会增强政府节能采购的环境效应。

　　第三，拓宽了环保财政支出政策对环境质量影响的实证研究范围。突破以往研究中的数据限制，较为全面地对环保财政支出政策的环境效应进行实证分析，除了包含现有的大多数文献中对节能环保预算财政支出政策的环境效应进行实证分析外，还将中央环保财政转移支付政策和绿色采购政策也纳入环保财政支出政策环境效应的实证分析框架中，扩宽了环保财政支出政策环境效应的实证研究范围。研究发现节能环保预算财政支出政策、中央环保财政转移支付政策和政府绿色采购政策的环境正效应十分显著。

第一章 环保财政支出政策环境
效应的理论分析

第一节 概念界定

一、环保财政支出政策

(一) 环保财政支出政策的定位

为了解决市场失灵的问题，政府提出了多种干预环境的手段（见图 1 - 1），目前主要有两种手段：一种是管制手段，主要是向排放污染的企业或个体以命令控制的形式规定一系列排放标准，以减少经济社会活动中污染物的排放，主要有环境法律法规的制定和环境规制。另一种是经济手段，主要通过干预经济社会活动者相关利益，运用市场机制的作用来鼓励或限制污染物排放者减少污染排放，主要包括庇古手段和科斯手段。庇古手段主要侧重于政府干预，包括税收（收费）手段、补贴手段、押金退还手段；科斯手段主要侧重于用市场机制的方式解决生态环境问题，包括资源协商制度和排污权交易制度。财政政策手段主要有国家预算、税收、公共支出等，是国家所采取的经济、法律、行政措施以实现财政政策目标的政策总和。环境财政手段是政府通过财政干预使经济主体在市场行为中保护环境、合理利用资源的财政手段，主要包括财政收入手段和财政支出手段。财政收入手段主要指环保税，不仅包括专门以环境保护为目的而征收的税收，还包括其他对环境起保护作用的，并非是仅为实现环保目标而征收的税收。财政收入政策从本质上看是通过税收手段调节市场以达到减少资源开采、减少污染排放、减少高能耗行为等环境保护的目的。财政支出手段指运用环保财政支出，即政府为实现其环境保护职能和目标而支出的财政资金，直接或间接地投入到与环境保护有关的各个方面。

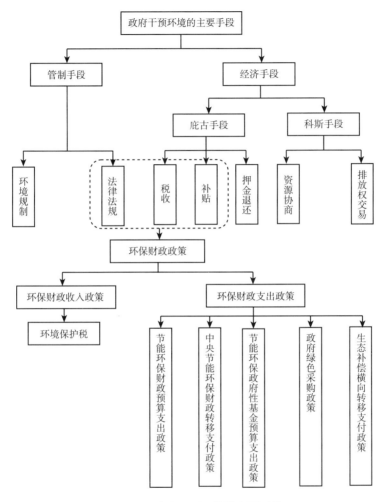

图 1-1　政府干预环境的主要手段

政府干预环境的财政支出手段分为国家层面和地方层面的环保财政支出政策。

从国家层面来看，主要有节能环保财政预算支出、中央节能环保财政转移支付、节能环保政府性基金预算支出政策和政府绿色采购政策，4 种手段对环境保护的作用方式均不相同，分为直接手段和间接手段，其中节能环保财政预算支出、中央节能环保财政转移支付和节能环保政府性基金预算支出政策为直接手段，政府绿色采购为间接手段。（1）节能环保财政预算支出直接用于环境保护及其相关公共服务上，不仅覆盖环境保护的各个方面，还从事前保护、事中控制和事后治理三个方面全方位地对环境进行投入，具有覆盖面广、资金来源稳定的特点。（2）中央节能环保财政转移支付是为了实现区域间经济协调发展，给地方政府保护环境提供的保障资金，主要有国家重点生态功能区转移支付和中央节能环保财政专项转移支付。国家重点生态功能区转移支付设在均衡性转移支付下，为了弥补国家重点生态功能区中因保护生态环境限制开发而导致经济社会发展相对落后的状况；中央节能环保财政专项转移支付规定了资金使用的具体用途即专款专用，引导地方有针对性地保护环境。根据重点支持领域和范围来看，可以分为综合性专项资金、特定区域性专项资金、特定领域与要素类专项资金。（3）节能环保政府性基金预算支出是指各级人民政府及其所属部门根据法律、行政法规和中共中央、国务院文件规定，将向公民、法人和其他组织无偿征收的财政资金，专款专用于支持节能环保的财政预算支出。其特点是专款专用性，即节能环保政府性基金收入仍全部用于政府性基金支出，且各政府性基金在支出时相互独立，不同于税收资金的统收统支。（4）政府绿色采购是政府优先或强制购买环保清单中的绿色产品，刺激企业生产并销售绿色产品，增加市场中绿色产品份额，驱逐非绿色产品，在实现政府部门相关物资需求的同时实现环境保护目标。因此政府绿色采购是间接手段，其对环境的影响通过两种途径：一是增加绿色产品规模。政府绿色采购具有需求导向性，将增加绿色产品的采购规模，由于绿色产品的环保特性，因此增加绿色产品购买规模将有助于节能减排。二是激励企业绿色技术进步。政府绿色采购的需求会对生产绿色产品的企业产生一个外在的激励，使其开发出更多的绿色产品以提升自身的利润，同时会约束生产非绿色产品的企业，使其迫于竞争压力进行绿色技术改造，生产绿色产品。

从地方层面来看，主要包括地方根据上级环保专项转移支付而设立的配套资金、地方根据自身环境状况设立的专项资金和生态补偿横向转移支付。

（二）我国环保财政支出政策

环保财政支出政策也称为环境保护财政支出政策，是指财政部门在环保等职能部门提供的数据基础上，根据政府意图制定的相关政策，并将政策转化为财政性支出，利用财政支出来调节人与自然交换中各种利益相关者的分配关系，以达到环境保护的目标。① 由于节能环保政府性基金是根据国家发展阶段和不同领域相关任务的需要而设定，具有时效性。另外，地方层面的环保转移支付种类多样且在实践与探索阶段，目前还未形成成熟的政策体系。因此，本书从我国环境财政支出政策的重要和成熟程度看来考虑，主要对节能环保财政预算支出政策、国家重点生态功能区转移支付政策、中央环保财政转移支付政策和政府绿色采购政策4种环保财政支出政策进行分析。

第一，节能环保财政预算支出政策。2006年财政部制定的《政府收支分类改革方案》和《2007年政府收支分类科目》中将环境保护作为类级科目列入其中，标志着环境保护支出科目首次被正式纳入国家财政预算。2007年环境保护支出科目下包括10款46项，2011年将"环境保护"改名为"节能环保"，近年来一直对环境保护科目的不断调整和完善，到2022年环境保护支出科目下共15款63项（节能环保财政预算支出款级科目见表1-1）。

表1-1　　　　　2022年节能环保财政预算支出款级科目

款	科目名称	科目说明
21101	环境保护管理事务	反映政府环境保护管理事务支出
21102	环境监测与监察	反映政府环境监测与监察支出
21103	污染防治	反映政府在治理大气、水体、噪声、固体废弃物、放射性物质等方面的支出
21104	自然生态保护	反映生态保护、生态修复、生物多样性保护、农村环境保护和生物安全管理等方面的支出
21105	天然林保护	反映专项用于天然林资源保护工程的各项补助支出
21106	退耕还林还草	反映专项用于退耕还林还草工程的各项补助支出
21107	风沙荒漠治理	反映用于风沙荒漠治理方面的支出
21108	退牧还草	反映退牧还草方面的支出
21109	已垦草原退耕还草	反映已垦草原退耕还草方面的支出
21110	能源节约利用	反映用于能源节约利用方面的支出
21111	污染减排	反映用于污染减排方面的支出
21112	可再生能源	反映用于可再生能源方面的支出
21113	循环经济	反映用于循环经济（含资源综合利用）方面的支出
21114	能源管理事务	反映能源管理事务方面的支出
21199	其他节能环保支出	反映除上述项目以外其他用于节能环保方面的支出

资料来源：2022年《政府收支分类科目》。

---

① 逯元堂，吴舜泽，葛察忠等．环境公共财政：实践与展望［M］．北京：中国环境科学出版社，2010．

第二，国家重点生态功能区转移支付政策。2010 年《全国主体功能区规划》的出台确定了国家重点生态功能区，其定位为保障国家生态安全的重要区域，人与自然和谐相处的示范区。国家重点生态功能区的确立主要存在两个方面的问题，一方面，地方政府为保护环境投入大量的成本，而环境质量改善所带来的效益却是全民享有；另一方面，为了保护环境而限制或禁止国家重点生态功能区进行开发，这限制了当地的经济和社会发展，即为了实现环境保护目标而付出的沉没成本，需要对这部分成本进行补偿，以维持当地的正常运转。因此，为了引导国家重点生态功能区加强生态环境保护，并提高其基本公共服务保障能力，2008 年开始中央财政在均衡性转移支付下设立国家重点生态功能区转移支付，并且国家重点生态功能区转移支付政策的不断完善，享受转移支付的市县（市、区）的范围和金额均在进一步扩大。2021 年国家重点生态功能区的县市区数量达到 810 个①。

2009 年生态环境部（原环境保护部）和财政部共同启动国家重点生态功能区县域生态环境质量考核评价指标体系的研究和试点考核，其目的是保障转移支付资金的使用效果和加强政府环境保护的主观能动性。生态绩效考核评估于 2012 年开始正式实施②，将县域生态环境指标（EI）作为国家重点生态功能区转移支付考核激励机制的核心依据，而将"基本公共服务"指标剔除，并根据生态环境质量评价结果调节奖惩资金分配。③ 县域生态环境指标（EI）根据不同类型的生态功能区特点设置为自然生态指标和环境状况指标两部分，采用综合指数法，对每个市县生态环境年际变化量进行评价，生态环境指标体系见表 1 - 2。"十三五"时期，为了进一步突出生态环境质量改善为核心的管理理念，融入"十三五"国家生态环境管控措施，对考核评价指标体系做了进一步的调整和优化，2018 年开始启用。具体的，县域生态环境质量综合考核结果以 ΔEI 表示，由技术评价结果（即县域生态环境质量变化值 $\Delta EI'$）、生态环境保护管理评价值（$EM'_{管理}$）、自然生态变化详查评价值（$EM'_{无人机}$）、人为因素引发的突发环境事件评价值（$EM'_{事件}$）四部分组成，见表 1 - 3。县域生态环境质量综合考核结果分为三级七类。三级为"变好"

---

① 资料源于霍山县人民政府网站，https：//www.ahhuoshan.gov.cn/public/6597441/34866975.html.

② 何立环，刘海江，李宝林，等. 国家重点生态功能区县域生态环境质量考核评价指标体系设计与应用实践 [J]. 环境保护，2014，42（12）：42 - 45.

③ 孔德帅，李铭硕，靳乐山. 国家重点生态功能区转移支付的考核激励机制研究 [J]. 经济问题探索，2017（07）：81 - 87.

"基本稳定""变差";其中"变好"包括"轻微变好""一般变好""明显变好","变差"包括"轻微变差""一般变差""明显变差"。

表1–2 生态环境指标体系（EI）

指标类别	一级指标		二级指标
共同指标	自然生态指标		植被覆盖指数
			受保护区域面积所占比例
			林草地覆盖率
			水域湿地覆盖率
			耕地和建设用地比例
	环境状况指标		主要污染物排放强度
			污染源排放达标率
			III类及优于III类水质达标率
			优良以上空气质量达标率
			城镇生活污水处理率
			集中式饮用水水源地水质达标率
特征指标	自然生态指标	水源涵养类型	水源涵养指数
		生物多样性维护类型	生物丰度指数
		防风固沙类型	植被覆盖指数
			未利用地比例
		水土保持类型	中度及以上土壤侵蚀面积所占比例
			未利用地比例

资料来源:《国家重点生态功能区转移支付办法》。

表1–3 国家重点生态功能区县域生态环境质量监测与考核指标体系（ΔEI）

指标类型		一级指标	二级指标
技术指标	防风固沙	自然生态指标	植被覆盖指数
			受保护区域面积所占比例
			林草地覆盖率
			水域湿地覆盖率
			耕地和建设用地比例
			沙化土地面积所占比例
		环境状况指标	土壤环境质量指数
			III类及优于III类水质达标率

续表

指标类型	一级指标		二级指标
技术指标	防风固沙	环境状况指标	优良以上空气质量达标率
			集中式饮用水水源地水质达标率
	水土保持	自然生态指标	植被覆盖指数
			生态保护红线区等受保护区域面积所占比例
			林草地覆盖率
			水域湿地覆盖率
			耕地和建设用地比例
			中度及以上土壤侵蚀面积所占比例
		环境状况指标	土壤环境质量指数
			Ⅲ类及优于Ⅲ类水质达标率
			优良以上空气质量达标率
			集中式饮用水水源地水质达标率
	生物多样性维护	自然生态指标	生物丰度指数
			林地覆盖率
			草地覆盖率
			水域湿地覆盖率
			耕地和建设用地比例
			生态保护红线区等受保护区域面积所占比例
		环境状况指标	土壤环境质量指数
			Ⅲ类及优于Ⅲ类水质达标率
			优良以上空气质量达标率
			集中式饮用水水源地水质达标率
	水源涵养	自然生态指标	水源涵养指数
			林地覆盖率
			草地覆盖率
			水域湿地覆盖率
			耕地和建设用地比例
			生态保护红线区等受保护区域面积所占比例
		环境状况指标	土壤环境质量指数
			Ⅲ类及优于Ⅲ类水质达标率
			优良以上空气质量达标率
			集中式饮用水水源地水质达标率

续表

指标类型	一级指标	二级指标
监管指标	生态环境保护管理	
	自然生态变化详查	
	人为因素引发的突发环境事件	

资料来源：《加强"十三五"国家重点生态功能区县域生态环境质量监测评价与考核工作》。

《关于 2020 年度国家重点生态功能区县域生态环境质量监测与评价结果的通报》显示，2018～2020 年全国 810 个县域中，生态环境质量基本稳定的 581 个，发生了变化的 229 个，其中 184 个县域生态环境质量变好，45 个县域生态环境质量变差。

第三，中央节能环保专项转移支付政策。中央节能环保专项转移支付政策是指中央财政预算为了实现特定节能环保目标而专门安排的资金，并将专项资金转移支付给各地区，由接受转移支付的政府按照中央规定的用途安排使用的预算资金，以实现环境保护的政策目标。根据 2015 年《中央对地方专项转移支付管理办法》中第十八条，中央节能环保专项转移支付不列编属于中央本级支出，列编属于地方节能环保预算财政支出。

中央节能环保专项转移支付主要以专项资金的形式进行拨付。我国先后设立了天然林资源保护工程财政专项资金、自然保护区专项资金、退耕还林工程财政专项资金、农业资源及生态保护补助资金、集约化畜禽养殖污染防治专项资金、中央环境保护专项资金、清洁能源发展专项资金（2019 年及之前为可再生能源发展专项资金）、主要污染物减排专项资金、"三河三湖"及松花江流域水污染防治财政专项补助资金、城镇污水处理设施配套管网以奖代补资金、农村环境整治资金（中央农村环境保护专项资金、农村节能减排资金）、重金属污染防治专项资金、节能技术改造财政奖励资金、淘汰落后产能中央财政奖励资金、再生节能建筑材料生产利用财政补助资金、高效节能产品推广财政补助资金、大气污染防治资金（2016 年及以前为大气污染防治专项资金）、水污染防治资金（2016 年及以前为水污染防治专项资金）、土壤污染防治专项资金、节能减排补助资金（2019 年及以后转为一般性转移支付资金）、江河湖泊治理与保护专项资金、循环经济发展补助资金、城市管网专项资金、重点生态保护修复治理专项资金、海洋生态保护修复资金等。从支持的重点领域与范围来看，中央环保专项资金大体可以划分为以下几种类型：（1）支持多个区域、领域和要素的综合性专项资金，如中央环保专项资金等。（2）支持范围为某个或某几个特定区域的特定区域性专项资金，如"三河三湖"及松花江流域水污染防治财政专项补助资金等。（3）支持特定要素而不规定其区域和领域的特定要素类专项资金，如城市管网专项资金、土壤污染防治资金等。（4）支持范围为特定领域或环境要素的特定领域与要素类专项资金，如城镇污水处理设施配套管网以奖代补资金、自然保护区专项资金、中央农村环境保护专项资金等。①

随着我国生态环境状况不断变化，以上专项资金经过设立后有的已经废除，到 2021 年节能环保专项转移支付中包括清洁能源发展专项资金、大气污染防治资金、水污染防治资金、农村环境整治资金、城市管网及污水治理补助资金、土壤污染防治专项资金、工业企业结构调整专项奖补资金（见表1-4）。

表 1-4　　　　　　　　2021 年中央节能环保专项转移支付科目

科目名称	科目说明
工业企业结构调整专项奖补资金	用于支持地方政府和中央企业推动钢铁、煤炭等行业化解过剩产能工作的以奖代补资金
大气污染防治资金	用于支持大气污染防治和协同应对气候变化方面的资金
水污染防治资金	用于支持水污染防治和水生态环境保护方面的资金
清洁能源发展专项资金	用于支持可再生能源、清洁化石能源以及化石能源清洁化利用等能源清洁开发利用的专项资金
城市管网及污水处理补助资金	用于支持城市管网建设、城市地下空间集约利用、城市污水收集处理设施建设、城市排水防涝设施建设等的转移支付资金
土壤污染防治专项资金	用于支持地方开展土壤环境风险管控、土壤污染综合防治等促进土壤生态环境质量改善的资金
农村环境整治资金	用于支持地方开展农村生态环境保护工作，促进农村生态环境质量改善的专项转移支付资金

资料来源：根据《2021 年中央对地方税收返还和转移支付预算表》《财政部关于印发〈工业企业结构调整专项奖补资金管理办法〉的通知》《大气污染防治资金管理办法》《水污染防治资金管理办法》《清洁能源发展专项资金管理暂行办法》《财政部住房城乡建设部关于修订〈城市管网及污水处理补助资金管理办法〉的通知》《土壤污染防治资金管理办法》《农村环境整治资金管理办法》等文件整理。

---

① 逯元堂. 中央财政环境保护预算支出政策优化研究［D］. 北京：财政部财政科学研究所，2011.

　　第四，政府绿色采购政策。政府绿色采购是政府优先或强制购买环保清单中的绿色产品，刺激企业生产并销售绿色产品，增加市场中绿色产品份额，驱逐非绿色产品，在实现政府部门相关物资需求的同时实现环境保护目标。政府节能采购和政府环保采购是我国政府绿色采购的主要方式，为政府机构节能节水、保护环境起到了表率作用，促进我国绿色发展。国务院有关部门也因此先后印发了《节能产品政府采购实施意见》和《关于环境标志产品政府采购实施的意见》，并公开了相应的节能产品政府采购清单和环境标志产品政府采购清单。

　　需要特别说明的是，虽然从支出上来看，国家重点生态功能区转移支付、中央节能环保专项转移支付和政府绿色采购均属于节能环保预算财政支出，但是从政策上来看均为相对独立的政策，其支出范围、侧重点等均有不同，因此可以分别研究这4个政策的环境效应。

二、环境质量

　　环境，是指围绕着人的空间以及其中一些可以影响人的生活与发展的各种天然的与人工改造过的自然要素的总称。[1] 从经济学角度看，环境是指自然环境和人工利用自然物质创造的环境，其中绝大部分是前人和今人劳动的物质成果，是人类一般劳动的凝结，因而一般具有使用价值和价值。[2]

　　环境质量，是对环境所处状态的优劣程度评价，其中优劣代表质，程度代表量，质和量需要运用定性和定量的方式来综合评价。也有学者称为环境保护效果、治污效应、环境效应等，还有学者用环境污染来表示环境质量变差，虽然名称不一样，但其与本书环境质量的本质基本一致。

　　环境质量评价是从环境卫生学角度按照一定评价标准和评价方法对一定区域范围内的环境质量加以调查研究并在此基础上作出科学、客观和定量的评定和预测。本书参考节能环保财政预算支出的范围及结构，按照支出种类可以将支出范围分为污染治理、能源节约和生态保护三个方面，因此本书将从这三个方面来衡量我国目前的环境质量状况。

---

① 杨云彦. 人口、资源与环境经济学 [M]. 武汉：湖北人民出版社，2011：160.
② 陈福祜. 环境经济学 [M]. 北京：高等教育出版社，1993.

第二节 环保财政支出政策干预环境的理论依据

一、环境是典型的公共产品

（一）公共产品理论

环境问题的产生，主要是由于环境自身的属性，其为典型的公共产品。公共产品与私人产品相比，具备的最重要的两个特征主要有以下两个方面：一是无排他性，指不管其他人付费没有，都不能将其他人从公共产品的消费中排除出去，而其他人也可以消费这种公共产品并从中获益。二是非竞争性，指消费者对其消费不论消费多少均不会引起消费者所付的成本上升。若一个产品同时不具备非排他性和非竞争性，则属于私人产品；若一个产品只具备其中一个特征，则称为混合公共产品（准公共产品），其中具有非竞争性但具有排他性则称为第一类混合公共产品；若同时具备以上两个特征则为纯公共产品。[①]

（二）环境的公共产品特征

环境属于典型的公共产品。有些环境资源如空气，空气是对整个社会提供的，一个人使用空气并不妨碍其他人使用空气，并且使用空气的人增多并不会引起他人使用空气的成本增加，因此以上两个条件均满足即为纯公共物品。而有些环境在一定条件下会成为混合公共产品。如公共绿地为混合公共物品，当使用绿地的人增多到一定数量时，绿地的使用具有一定的竞争性。这是因为环境具有非排他性的特点，环境产权的界定成本较高，环境无法界定为个人所有，环境必为大家所共同使用，而它的竞争性会随着一个国家生产力的发展逐渐增强，虽然环境的竞争性逐渐增强，但因为环境具有非排他性的特点，无法阻止任何一个人不用支付成本即可对环境进行消费，因此对环境经常会过度使用，这正是环境问题产生的根源所在，因此仅依靠市场配置会导致环境配置失效。

---

① 田丹. 中国财政收支政策的环境效应实证研究［D］. 武汉：武汉大学，2014.

二、环境具有外部效应

(一) 外部性理论

外部效应又称为外部性。外部性理论是由福利经济学的代表人物庇古提出，后经新古典经济学的代表人物马歇尔发展而形成的。依据这一理论，外部性是指"一种经济力量对另一种经济力量的'非市场性'附带影响，这种非市场性的附带影响使价格机制不能有效地配置资源"，而且外部性还被理解为"两个当事人缺乏任何相关经济交易的情况下，由一个当事人向另外一个当事人提供的物品束"。依据庇古和马歇尔的论述，"外部效应"是指市场机制的障碍，是指一个人或企业在决策时既没有考虑这种影响，也没有对这种影响付出费用。综上，外部性是指在实际经济活动中，生产者或消费者的活动对其他消费者和生产者产生超越活动主体范围的影响，简而言之就是一种成本或效益的外溢现象。

可见外部性是在市场机制中形成的，而"外部"是市场活动中产生的"副产品"，这些"副产品"可能是有益的也有可能是有害的。外部性出现时往往会影响资源的有效配置，市场机制无法有效配置这些"副产品"会导致市场失灵。传统经济学认为，厂商是一个纯经济实体，它是完全按照市场信号来进行生产经营活动的，市场上需要什么，厂商就生产经营什么，什么利润高，厂商就生产经营什么。即经济学的一个基本假设是，市场经济中生产经营者的目的是追求利润最大化，厂商生产经营某种产品主要不是为了自己消费，而是为了用产品交换货币以取得收入，然后再购买其他产品。在这种假设前提下，市场价格和成本利润是厂商决定其生产经营活动的唯一标准。此外，市场价格也引导人们的消费行为，在消费的过程中主要考虑自身的经济条件和市场价格，而不是考虑这种产品会对其他消费者和自然环境造成什么影响。厂商和居民的生产经营和消费行为由供求关系和供求状况决定着，从而起着支配资源和国民经济再分配的作用。正常工作的市场通常是资源在不同用途之间和不同时间上配置的有效机制，但是市场的正常工作要求具备若干条件，[①] 而外部性的出现直接导致市场无法有效配置资源。

---

① 张帆. 环境与自然资源经济学 [M]. 上海：上海人民出版社，1998.

(二) 环境的外部性特征

从外部性的定义可以看出，环境外部性伴随着经济社会活动而产生，并带来积极的影响（即带来正效益），或者是消极的影响（即带来负效益或损失），其中环境的负外部性是指微观主体通过自己的活动给其他群体所处的环境带来消极的影响，如污染物排放，企业或个人排放污染物，而让其他人负担本应计入污染物排放者的那一部分成本，即把自己应该承担的治污成本转嫁给其他人。产生负外部性的个体的私人成本小于社会成本，由于环境的无产权和零价格制度，导致环境污染带来的福利损失难以内化到其生产成本和市场价格中去，即环境的外部性难以内部化。如工厂在生产活动中排放的废气造成了空气污染，给工厂周围的居民带来了负外部性，周围的居民只能通过在家中安装空气净化装置来维持空气质量，工厂将本应自己承担的治污成本转嫁给了周围居民；若工厂安装了设备对其排放的废气治理后再排放，这样就不会造成空气污染，然而现实情况往往是工厂治理污染的成本高于直接排放污染物的成本，工厂会选择直接排放污染物，给其他居民带来很强的负外部性。环境的正外部性是微观主体通过自己的活动给其他群体所处的环境带来积极的影响。如建造公园，周围的居民可以去公园游玩，则居民享受到了公园所带来的正外部性。

(三) 解决环境外部性的方法

环境的外部性一方面表现为环境污染和能源浪费损害了整体的社会福利，同时还表现为环境保护提高了整体的社会福利，社会福利的损害与提高均需要通过一定的方式来将其内部化，以实现环境资源的有效配置。传统的市场机制只能解决社会经济系统内部的资源配置问题，而不能解决生态环境系统与经济社会系统之间的环境资源的有效配置问题，主要是因为没有对环境资源的产权进行清晰的界定，因此人们可以无偿或低价使用环境资源，导致环境资源被过度使用，产生很强的负外部性。因此环境资源不能作为生产要素被市场机制有效配置，即对环境资源使用和管理存在市场失灵。① 由外部性带来的市场失灵需要政府对其进行干预并矫正。

① 李云燕. 论循环经济运行机制——基于市场机制与政府行为的分析 [J]. 现代经济探讨, 2010 (09)：10-13.

政府通过公共办法纠正外部效应问题主要有两种办法：一是庇古手段，主要侧重于政府干预。以庇古为代表的经济学家认为外部性不能由市场机制来解决，而需要政府介入，逐渐征收税费或发放补贴使造成外部性个体的外部成本内部化，从而引导企业和个人的经济行为，使资源配置达到最优。主要包括税收（收费）手段、补贴手段、押金退还手段。对产生负外部效应的主体征收给其他经济主体带来的边际损害等值的庇古税，或者对产生负外部效应的主体给予庇古补贴，使其减少产生更多的负外部性；给予产生正外部效应的主体以庇古补贴使其生产更多存在正外部效应的产品。二是科斯手段，主要侧重于用市场机制的方式解决生态环境问题。科斯认为如果交易成本为零，并且对产权充分界定的情况下，市场可以有效配置资源，使经济社会活动的私人成本和社会成本一致，达到帕累托最优，科斯的思想即形成了著名的科斯定理。科斯手段主要包括资源协商制度和排污权交易制度，通过出售、拍卖或分配许可证，将对环境的损害控制在可控制的范围内，并在此基础上建立一个污染权交易市场，拍卖污染权，运用拍卖收入对污染进行治理。

三、环境具有代际效应

代际正义的思想是美国哲学家罗尔斯提出的，强调代与代之间的公平，认为当代人的行为不仅需要对同代人负责，还需要对下代人负责，当代人的经济社会活动不能在牺牲后人利益的基础之上。因此当代人的活动有一个合适的度，这个度既能够满足当代人的正当需求，又不损害后代人的利益，每一代人之间都掌握好这个度才能可持续发展[①]。代际正义在环境资源的使用和管理上来看，即是只有每一代人分配相等份额的环境资源，这样每一代人在利用环境资源创造财富的同时，也能给后代人留下发展的空间。然而这是一种最理想的状态，现实中的当代人作为一个经济人是理性的，很多时候看到的是当期的经济成本和收益，使生态环境被过度使用，不仅是企业和个人存在这种短视现象，政府也会为了完成其政治目标而忽视了环境保护。[②] 市场机制在代与代之间是无法建立的，当代人的经济行为决定了后代人所能够获得的权利，而后代人并不能在当代人的世界里保卫自己未来的权利，因此

---

① 陈焱光. 罗尔斯代际正义思想及其意蕴［J］. 伦理学研究，2006（05）：8 - 12.
② 李敦瑞. 基于污染密集产业转移的 FDI 环境外部性代际效应研究［J］. 科技进步与对策，2012，29（06）：70 - 72.

当代人在环境资源产权的配置中处于弱势地位。另外，从供需关系来看，由于当代人对环境资源的需求和大自然对环境资源的供给共同决定了环境资源的价格，然而后代人的需求无法体现在当代的供需关系中，因此会导致环境资源的定价偏低，导致当代人过度使用。

四、环保财政支出政策促进可持续发展

因为环境属于公共产品，具有外部性和代际效应，因此市场机制无法有效地配置环境资源，存在市场失灵，需要政府对环境进行干预，其中环保财政支出政策即为政府干预手段之一，出台环保财政政策对环境进行干预最终达到可持续发展。

（一）可持续发展理论的基本内涵

布伦特兰委员会（WCED）1987 年提出了可持续发展权威的定义为满足当代人的需要的同时又能满足后代人的需求的发展。[①] 国际上人们从不同的角度对可持续发展进行了表达。第一，从生态学角度来看，1991 年关于可持续发展的专题研讨会由国际生态学联合会和国际生物科学联合会联合举行，会议认为环境系统具有一定的自净和更新能力，因此不超过环境系统更新和自净能力的发展即为可持续发展。第二，从社会学角度来看，1991 年世界野生生物基金会、联合国环境规划署和世界自然保护同盟三个机构共同编写的《保护地球——可持续生存战略》中认为人类社会生活质量的改善需要建立在不超过生态系统多能容纳的范围之内。第三，从经济学角度来看，可持续发展已不再是之前的以牺牲环境资源为代价的经济发展。第四，从工程技术角度来看，可持续发展应该尽可能地利用更先进的技术，运用更清洁有效的生产方式来减少污染排放和资源消耗。根据以上概念，宋健（1996）认为可持续发展的基本内涵应包括四个方面：第一，发展既包括经济发展和社会进步，又包括生态环境保护，经济社会的发展离不开良好的生态环境，经济社会发展不仅包括经济增长中量的提高，还包括需要依靠科技创新提高生态效益，若不注重质的提高，量的提高会达到瓶颈，因此经济社会发展的同时注重生态效益的提高才是可持续的发展。第二，经济社会可持续发展需要注重

---

① 世界环境与发展委员会. 我们共同的未来 [M]. 北京：世界知识出版社，1989.

自然生态环境的永续性，维持生态环境质量和生物多样性是可持续发展的物质基础。第三，可持续发展强调经济社会与环境协调发展，生态环境不仅是经济社会发展的物质基础，更是人类健康和生存的物质基础，需要在经济发展与环境资源利用之间寻找到一个平衡点。第四，与可持续发展相关的问题不仅是生态环境保护，还需要关注缩小收入差距消除贫困，并控制人口数量的增长。总之，可持续发展是以人的发展为中心的，需要"生态—经济—社会"三者之间协调可持续发展。[①]

（二）政府干预环境最终达到可持续发展

从可持续发展的概念和本质出发，可以看出政府干预环境具有长远的意义。由于环境作为公共产品具有外部性，因此经济发展的过程中仅依靠市场机制并不能有效配置资源，而且会造成环境污染，这种高污染高排放的经济发展模型是不具有持续性的，环境污染在一定程度上制约着经济发展，政府需要采取一系列的措施使其达到可持续发展，其中环保财政支出政策即为重要措施之一。因此需要弄清环境与经济之间的关系。格罗斯曼和克鲁格（Grossman and Krueger，1991）认为环境质量和人均收入之间的关系为污染在低收入水平上随人均GDP增加而上升，高收入水平上随GDP增长而下降。潘纳约托（Panayotou，1993）认为一个国家的环境质量与经济发展水平之间存在一个倒"U"形的关系，这个倒"U"形的曲线也就形成了著名的环境库兹涅茨曲线（见图1-2）。即当一个国家经济水平较低的时候，其环境污染较少，但是随着人均收入的提高，环境污染逐渐增多；当一个国家的经济

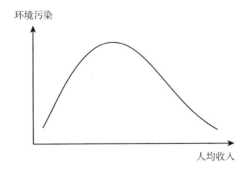

图1-2　环境库兹涅茨曲线

---

① 杨云彦．人口、资源与环境经济学［M］．武汉：湖北人民出版社，2011：215.

水平达到一定高度后，随着人均收入增加，环境污染又逐渐减少，因此在经济水平到达某个临界点后，其环境质量会随着人均收入的提高逐渐得到改善。

环境库兹涅茨曲线的提出对于我国政府出台环保财政支出政策具有一定的参考价值，若经济增长的同时环境污染增多，说明此时中国经济发展在倒"U"形曲线的左侧，此时的政策应重点解决如何使经济发展达到倒"U"形曲线的拐点；若经济增长的同时环境污染减少，说明此时经济增长与环境质量之间是正向的关系，即经济与环境可持续发展。然而环境库兹涅茨曲线仅仅是一个假说，一个国家环境与经济之间的关系受到很多其他外在因素的影响，如果简单地认为在经济发展初期必须要付出环境的代价，因而对环境污染放任不管，会导致其沿着环境库兹涅茨曲线向相反的方向移动。[①] 因此，需要正确认识我国环境与经济之间关系的，同时要充分考虑影响两者关系的其他因素，制定环保财政支出政策，最终达到可持续发展。

第三节 环保财政支出政策促进环境质量提升的内在机理

一、节能环保预算财政支出政策促进环境质量提升的内在机理

节能环保预算财政支出政策覆盖面较广，覆盖了环境保护的各个方面，从事前预防到事中控制再到事后治理多环节共同支持环境保护。从支出科目可以看出节能环保财政预算支出政策主要支持环境保护的五个方面，即污染治理、能源节约、生态保护、环境监测与监察、环境宣传与管理。其中环境监测和监察、环境宣传和管理为节能环保财政支出政策促进环境质量提升的基础性工作，有助于提高节能环保财政支出政策的污染治理效果、能源节约效果和生态保护效果（见图1－3）。

（一）节能环保预算财政支出政策支持污染治理

节能环保财政预算支出政策支持污染治理，准确来说是对污染进行防治和减排，即不仅支持污染物的事前预防还支持污染物的事后治理。从污染防治来看，节能环保财政预算支出政策的支持范围较广，包括大气、水体、噪

---

① 托马斯·思德纳. 环境与自然资源管理的政策工具 [M]. 上海：上海人民出版社，2005：22.

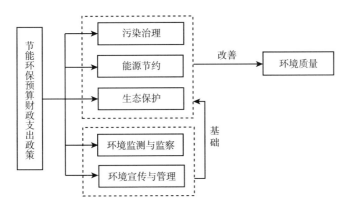

图 1 - 3　节能环保预算财政支出政策促进环境质量提升的内在机理

声、固体废弃物与化学品、放射源和放射性废物监管、辐射、土壤等方面。
大气方面主要支持治理空气污染、汽车尾气、酸雨、二氧化硫、沙尘暴等；
水体方面主要支持包括排水和污水的处理、水污染防治、湖库生态环境保护、
水源地保护、国土江河综合整治、河流治理与保护、地下水修复与保护等；
噪声方面主要支持治理噪声与振动污染；固体废弃物与化学品方面主要支持
处理垃圾、医疗废物、危险废物和工业废物等，并对持久性有机污染物监管
及淘汰处置；放射源和放射性废物监管方面主要支持对放射源生产、销售、
使用、废弃源处置等管理，并对放射性废物进行管理、收集、处置，建设和
运行放射性废物库；辐射方面主要支持核辐射、电磁辐射的污染治理；土壤
方面主要支持土壤污染调查、风险管控、治理与修复。从污染减排来看，节
能环保财政预算支出主要支持污染减排和清洁生产。因此，节能环保财政支
出政策的资金直接运用到污染治理的各个方面，直接影响了污染治理效果。

（二）节能环保预算财政支出政策支持能源节约

节能环保财政预算支出政策支持能源节约，主要包括能源节约利用、可
再生能源和循环经济，可以看出节能环保财政预算支出政策不仅支持减少能
源的使用还支持能源使用后的再利用。能源是人类生产的重要物质基础和动
力来源，包括热能、机械能、光能等，有的是可再生能源有的是非再生能源，
这些能源使用不仅会带来能源资源短缺甚至会造成能源危机，而且在能源的
使用过程中会产生一系列环境问题，如酸雨、大气污染、温室效应、核废料
等问题，因此需要节约利用能源，发展可再生能源并促进循环经济。能源节
约是指从能源的开采、运输、加工、转换、使用等各个环节上努力减少能源

的损失和浪费，以提高能源有效利用程度。可再生能源是指可以在自然界循环再生，取之不尽用之不竭的能源。可再生能源的使用不仅不会造成能源枯竭，有些可再生能源如风能、水力、太阳能等不会排放二氧化碳，因此不会增加温室效应的风险。循环经济是在经济循环中将能源和资源循环使用，使其使用更加持久和合理，降低经济活动对能源与资源的消耗。① 节能环保财政支出政策能够给能源节约利用、可再生能源和循环经济方面足够的资金支持。

（三）节能环保预算财政支出政策支持生态保护

节能环保财政预算支出政策支持生态保护，主要包括自然生态保护、天然林保护、退耕还林还草、风沙荒漠治理、退牧还草、已垦草原退耕还草等，可以看出节能环保财政预算支出政策不仅支持生态环境的保护还支持生态环境的修复。自然生态保护方面主要支持生态保护、农村环境保护草原、生物及物种资源保护草原生态修复治理和自然保护地等；天然林保护方面主要支持森林资源管护、承担的政策性木材减产或停产造成实施单位应缴纳社会保险费缺口、实施单位政策性社会补助费、天然林保护工程建设、全面停止天然林商业采伐的补助等；退耕还林还草方面主要支持退耕户的现金补助、退耕还林粮食折现方面的补助、退耕还林粮食费用补贴、退耕还林工程建设等；风沙荒漠治理方面主要支持京津风沙源治理工程；退牧还草方面主要支持退牧还草工程建设；已垦草原退耕还草方面主要支持退耕还草工程建设。因此，生态保护具有范围大、面积广的特点，需要依靠政府力量对生态进行保护，节能环保财政支出政策为生态保护提供了有力的资金支持。

（四）节能环保预算财政支出政策支持环境监测与监察

节能环保财政预算支出政策支持环境监测、监察，主要包括建设项目环评审查与监督、核与辐射安全监督、污染物监测和信息、生态环境执法监察等。建设项目环评审查与监督方面主要是支持环保部门建设类规划、建设项目的环境影响评价、评审，建设项目"三同时"监理、验收等；核与辐射安全监督方面主要支持环保部门核安全核辐射安全监管、评审，放射性物质运输监管、核材料管制、核设施监管；污染物监测和信息方面主要是支持环境

---

① 陆雄文. 管理学大辞典 [M]. 上海：上海辞书出版社，2013.

质量监测、污染物治理设施竣工验收监测、污染物监督性监测、污染事故应急监测、污染纠纷监测、环境统计和调查、环境质量评价、绿色国民经济核算、环境信息系统建设、维护、运行，信息发布及其技术支持；生态环境执法监测主要是支持环保部门监督检查环保法律法规、标准等执行，支持行政处罚、行政诉讼、行政复议，支持环境行政稽查、执法装备、排污费申报、征收与使用管理，支持环境问题举报、环境纠纷调查处理、突发性污染事故预防、应急处置。

　　环境监测与监察虽然不直接作用于治理污染、节约能源和保护生态环境，但是节能环保财政预算支持政策促进环境质量提升必不可少的基础性工作，是可以让人们及时并准确地发现环境问题。环境监测是以环境为对象，运用物理、化学、生物、遥感等技术和手段，依法监视和检测环境状况，从而对环境质量作出综合评价。[①] 环境监察是环境保护行政部门实施统一监督、强化执法的主要途径之一，是利用法律、行政等手段解决环境突出的问题，对造成污染排放或生态破坏的违法企业进行现场监督检查，并对其进行进一步处理。因此，不论是环境监督能力还是环境监察能力均需要节能环保预算财政支出政策的资金支持才能不断深入和提高，促进环境质量的提高。

（五）节能环保预算财政支出政策支持环境宣传与管理

　　节能环保财政预算支出政策支持环境宣传与规划，主要包括环境保护管理事务和能源管理事务。环境保护管理事务方面主要支持环保行政单位的行政运行、一般管理事务和机关服务，支持环境保护宣传教育、环境保护法规政策的前期研究、制定，规划的前期研究、制定及设施评估，环境标准试验、研究和制定等，支持环保部门国际环境合作与交流、谈判及履约工作，国际环境合作与交流、谈判及履约项目国内配套、国际环境热点问题调研及咨询、周边国家环境纠纷处理及合作，支持环保部门经法律法规设定和经国务院批准的行政许可管理，如建设项目环境影响评价审批、排污许可、危险废物经营许可等行政许可管理及相关技术支持等支持应对气候变化管理；能源管理事务方面主要支持能源科技装备、支持煤炭、电力（含核电）、石油天然气、可再生能源、其他能源行业的管理及能源节约，支持能源监管事务以及国家能源专家咨询委员会，支持信息化建设、农村电网建设，能源行政单位的行

---

① 但德忠. 环境监测［M］. 北京：高等教育出版社，2006.

政运行、一般行政管理事务和机关服务，还支持事业单位的运行。

环境污染不仅是工业生产中才会产生，人们的日常生活中的行为有些也会对环境产生影响，如汽车尾气排放、住房装修的噪声、厨房油烟、一次性塑料制品的使用等均会给环境带来不利的影响。环境保护是一项需要全人类共同参与的系统工程，因此人们在日常生活中也应该有保护环境的责任和义务。加强环境宣传可以让人们更加了解环境，提高人们的环保意识。环境管理是污染治理、能源节约、生态保护、环境监测与监察的基础保障。因此，节能环保支出政策支持环境宣传和管理也对环境质量的提高有积极作用。

二、国家重点生态功能区转移支付政策促进环境质量提升的内在机理

转移支付是我国财政支出政策支持环境治理的重要一环，是我国社会财富的二次分配，其中一般性转移支付能够较好地起到缩小地区财力差距，均衡政府间财政能力的作用，并且不指定其用途。在环保方面，一般性转移支付是根据不同地区环境承载能力和差异，以及地方政府收支需求情况，将财政资金转移给欠发达地区、民族地区或经济落后的地方以实现公民环境权的公平享有。国家重点生态功能区转移支付政策即为一般性转移支付。

从 2009 财政部颁布《国家重点生态功能区转移支付（试点）办法》后，对其分配原则、支持范围、分配办法、资金用途、奖惩办法等不断调整，但其政策目标均为保护环境与改善民生。根据《中央对地方重点生态功能区转移支付办法》（以下称《办法》），国家重点生态功能区转移支付主要通过扶弱、激励和保障三种机制对支持地区的环境质量进行影响（见图 1-4）。

（一）扶弱机制

国家重点生态功能区转移支付资金根据标准财政收支缺口计算，标准财政收支缺口参照均衡性转移支付的测算办法，即财政收支缺口越大的县获得的国家重点生态功能区转移支付资金越多。国家重点生态功能区为重点保护和禁限开发区域，由于其经济发展受限加上环保成本增加使其财政缺口不断加大，国家重点生态功能区转移支付将作为一种生态补偿分配给财政缺口大的地区以支持其保护生态环境，体现了国家重点生态功能区转移支付政策通过扶弱机制保护生态环境。

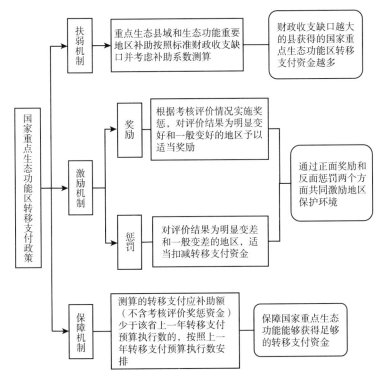

图1-4　国家重点生态功能区转移支付政策促进环境质量提升的内在机理

（二）激励机制

　　为了保障国家重点生态功能区转移支付的资金使用效果，提高区县政府生态环境保护的积极性，2012年开始对获得转移支付资金的地区进行生态绩效考核评估。国家重点生态功能区转移支付政策从两个方面均对地区保护环境进行激励，首先，《办法》中的奖励方式为"对评价结果为明显变好和一般变好的地区予以适当奖励"，奖励的目的是激励地区更加注重环境保护。其次，《办法》中也规定了惩罚方式为"对评价结果为明显变差和一般变差的地区，适当扣减转移支付资金"。因此，国家重点生态功能区转移支付通过奖励和惩罚两个方面的激励机制以促进当地环境质量的提高。

（三）保障机制

　　按照重点生态功能区转移支付资金的计算完毕后，《办法》中规定"转移支付应补助额（不含考核评价奖惩资金）少于该省上一年转移支付预算执行数的，按照上一年转移支付预算执行数安排"，说明尽管会对环境质量变差的地方的资金进行扣减，但对于除了考核评价奖惩资金以外的转移支付资金，当年获得金额一定会大于或等于上年金额，主要是为了保障国家重点生态功能能够获得足够的转移支付资金以支持其保护环境或改善民生。

三、中央节能环保专项转移支付政策促进环境质量提升的内在机理

专项转移支付是上级政府为了实现环保相应的目标而设立的专门的环保专项资金，委托下级政府执行，下级政府需要按照规定的用途使用，将资金用于环境保护基础设施建设、项目可研等方面，起到引导、规范地方政府行为的作用。中央节能环保专项资金即为专项转移支付，和节能环保预算财政资金一样均为直接投入到环境保护或环境保护相关方面。从支持的重点领域与范围来看，中央环境保护专项资金大体可以划分为综合性专项资金、特定区域性专项资金、特定要素专项资金和特定领域与要素类专项资金四种类型。从 2021 年中央环境保护专项资金来看，仅有特定要素专项资金、特定领域与要素类专项资金两种，以特定要素专项资金为主（见图 1-5）。

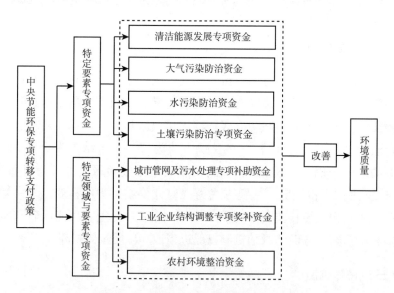

图 1-5 中央节能环保专项转移支付政策促进环境质量提升的内在机理

（一）特定要素专项资金支持环境保护

特定要素专项资金是指支持特定要素，并不规定其区域和领域的专项资金。目前主要有清洁能源发展专项资金、大气污染防治资金、水污染防治资金和土壤污染防治专项资金。清洁能源发展专项资金主要支持可再生能源、清洁化石能源以及化石能源清洁化利用等能源清洁开发利用。[1] 大气污染防治资金主要支持大气污染防治和协同应对气候变化。[2] 水污染防治资金主要支持水污染防治和水生态环境保护。[3] 土壤污染防治专项资金主要支持地方开展土壤环境风险管控、土壤污染综合防治等促进土壤生态环境质量改善。[4]

（二）特定领域与要素类专项资金支持环境保护

特定领域与要素类专项资金是指支持范围为特定领域或环境要素的专项资金。目前主要有工业企业结构调整专项奖补资金、城市管网及污水处理补助资金和农村环境整治资金。工业企业结构调整专项奖补资金主要支持地方政府和中央企业推动钢铁、煤炭等行业化解过剩产能工作。[5] 城市管网及污水处理补助资金主要支持可再生能源、清洁化石能源以及化石能源清洁化利用等能源清洁开发利用。[6] 农村环境整治资金主要支持地方开展农村生态环境保护工作，促进农村生态环境质量改善。[7]

四、政府绿色采购政策促进环境质量提升的内在机理

政府绿色采购政策对环境质量的影响为间接影响，主要通过增加市场中节能环保产品占比、促进绿色技术开发和引导个人绿色消费提高环境质量（见图 1-6）。

（一）增加市场中节能环保产品占比

政府绿色采购主要是采购符合绿色认证标准的产品，在需求和供给的共

---

[1]　中华人民共和国财政部. 清洁能源发展专项资金管理暂行办法［Z］. 2020.
[2]　中华人民共和国财政部等. 大气污染防治资金管理办法［Z］. 2021.
[3]　中华人民共和国财政部. 水污染防治资金管理办法［Z］. 2021.
[4]　中华人民共和国财政部. 土壤污染防治资金管理办法［Z］. 2022.
[5]　中华人民共和国财政部. 工业企业结构调整专项奖补资金［Z］. 2018.
[6]　中华人民共和国财政部等. 城市管网及污水处理补助资金管理办法［Z］. 2021.
[7]　中华人民共和国财政部等. 农村环境整治资金管理办法［Z］. 2021.

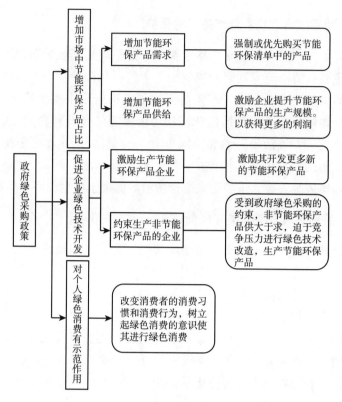

图1-6 政府绿色采购政策促进环境质量提升的内在机理

同作用下，政府绿色采购政策增加了市场中节能环保产品占比。第一，增加节能环保产品需求。财政部分别于2004年和2006年联合其他部门开始发布"节能产品政府采购清单"和"环境标志产品政府采购清单"，引导政府在采购过程中强制或优先购买清单中的产品，增加节能环保产品需求。2019年，财政部等四大部门联合印发《关于调整优化节能产品、环境标志产品政府采购执行机制的通知》，根据产品节能环保性能、技术水平和市场成熟程度等因素，确定实施政府优先采购和强制采购的产品类别及所依据的相关标准规范，以品目清单的形式发布并适时调整。不再发布"节能产品政府采购清单"和"环境标志产品政府采购清单"。2020年，全国强制和优先采购节能、节水产品占同类产品采购规模达85.7%，全国优先采购环保产品占同类产品采购规模达85.5%。政府采购的节能产品和环保产品规模分别在其同类产品规模中占比不断提高。因此政府绿色采购增加了绿色产品在同类产品中的比例。第二，增加节能环保产品供给。在政府绿色采购政策的引导下，会对生产节能环保产品的企业形成外在的激励，根据政府购买的节能环保产品种类，进而不断地提升这几类已有节能环保产品的生产规模以获得更多的利润，因此会增加更多的节能产品供给。

（二）促进企业绿色技术开发

政府绿色采购可以从激励和约束两个方面促进企业绿色技术开发。第一，激励生产节能环保产品的企业。政府绿色采购的需求会对生产节能环保产品的企业产生一个外在的激励，与激励企业增加已有节能环保产品供给规模不同的是，这里的激励是使其开发出更多新的节能环保产品，加入节能环保清单提供给政府进行采购，因此企业将进行绿色技术开发出新的节能环保产品以提升自身的利润。第二，约束生产非节能环保产品的企业。生产非节能环保产品的企业由于受到政府绿色采购的约束，其生产的非节能环保产品供给大于需求，市场份额变小，无法从生产非节能环保产品中获得利润，因此会迫于竞争压力进行绿色技术改造，生产节能环保产品。

（三）对个人绿色消费有示范作用

政府绿色采购对个人绿色消费的示范作用是指政府购买对消费者的消费行为具有导向性影响。传统的非绿色产品相对于绿色产品的生产通常消耗更多的资源、能源和原材料，并产生大量的污染排放物，造成资源浪费和环境污染。生产绿色产品的成本通常比生产非绿色产品的成本高，因此绿色产品的价格往往要高于非绿色产品。消费者在选择给其带来同样效用的绿色产品和非绿色产品时，消费者通常会更偏向于购买获得成本低的产品，因此理性消费者会选择消费非绿色产品。然而政府作为权威机构在消费者眼中通常是理性的象征，消费者会效仿政府的购买行为，在消费中跟随政府的选择进行消费商品或者服务。政府通过绿色采购改变消费者的消费习惯和消费行为，引领和带动全社会进一步加大绿色消费和强化清洁生产理念。

第四节　影响我国环保财政支出政策环境效应的外在因素

虽然环保财政支出政策的制定的目的是提高环境质量，支持环境或与环境相关方面的公共产品或服务的供给。但有些因素影响我国环保财政支出的环境效应，使环境质量改善达不到预期效果或者超乎预期。

一、政府失灵

市场失灵是政府干预环境的必要条件，但不是充分条件。政府干预也不是万能的，与市场一样，政府也存在失灵的问题。政府失灵理论源于以布坎南为代表的公共选择学派，认为政府干预是为了弥补市场机制的不足，以提高社会的整体福利，否则政府干预没有任何意义，但是政府干预有时并不能使社会的整体福利得到提高，反而降低了社会的整体福利。[①] 因此政府失灵会影响环保财政支出政策的环境效应。

政府信息不对称导致其环保决策存在局限性。公共选择学派认为政府也存在有限理性，在时间、成本等因素的制约下，其不可能获得全部的决策信息，在信息不完备的情况下，公共决策自然存在失灵的可能性。政府在制定环保财政支出政策时，需要搜集大量的信息，并对信息进行加工和筛选，但是信息是有限的，因此政府很难掌握到充分的信息。从政府、企业和公众三个方面分析政府信息不对称导致其环保决策受到的局限。第一，政府层级之间环境信息不对称。信息在不同层级的政府间传递时，一般都是从低层向高层政府进行传递，由于机制的缺陷信息在传递过程中会造成信息缺失，或由于政治诉求的差异导致下级政府会选择性地向上级汇报有利于自己的环境信息，导致高层政府不能获得全部的环境信息，因此很难根据有限的信息制定环境政策。第二，政府和企业之间环境信息不对称。企业在生产过程中会获得自身的真实的环境信息，并根据这些信息来调整自己的生产，但会隐瞒生产过程中的污染。尽管政府可以拥有各种各样的信息人员和计划、统计等智囊机构和监管人员对企业的污染信息进行搜集和分析，但政府很难掌握到最真实的信息以制定有效的环境政策。另外，尽管企业完全掌握自身的环境信息，但为了获得更高的利润，企业在生产过程中对污染治理存在偷懒行为，最终导致环境污染进一步增加，即存在"道德风险"。第三，政府和公众之间环境信息不对称。政府相对于公众有一个明显的绝对优势，既有搜集环境信息的权利又有足够的能力去搜集大量的信息，因此能够掌握到比公众更加多的信息。但公众在政府面前处于一个弱势地位，既没有权利又没有足够的能力能够掌握到大量的环境信息。政府和公众之间对环境信息掌握

---

① 詹姆斯·布坎南. 寻求租金和寻求利润 [M]. 北京：中国经济出版社，1993.

不对称形成了政府对环境污染单方面的管理，政府向公众传达环境信息时，出于一些考虑并不会将信息完全传达给公众，或由于信息传达不到位，使公众在环境管理中难以发挥到自身的作用，最终导致政府制定的环保政策无法达到预期的效果。

二、环境保护事权划分

由于各部门环境保护事权划分是确定其支出责任的基础，因此需要首先明确政府与市场在环境保护中的作用，再对政府间尤其是中央和地方政府间事权进行划分。

（一）政府与市场之间环保事权划分存在错位、越位

在市场机制下，环境的投资主体具有多元化特征，主要包括政府、企业、个人和其他营利性机构。各投资主体对环境事权进行合理的划分：企业按照"污染者付费"原则，对其生产过程中出现的污染进行治理，或者对其排放污染物造成的外部不经济进行付费补偿，比如治理企业环境污染、实现总量和浓度达标排放，生产环境标志性产品，环境保护技术创新等。个人按照"使用者付费"原则，有偿使用或购买环境公共产品及服务，比如生活污水处理费、生活垃圾处理费的缴纳等。与前两种相比，政府的财政投入是一种广泛的公民负担，投资事权比较复杂，中央政府和地方政府又不尽相同，但都必须发挥主导投资作用；营利性机构按照"受益者负担"原则，购买设备对其污染物进行预防与治理，并对设备进行管理；政府通过财政支出的方式提供环境公共产品和服务，其目的是弥补市场机制无法有效配置环境公共产品及服务的不足，因此财政应重点投入到那些私人部门没有动力足量提供的生态产品或服务的领域。

但政府与市场之间环保事权的划分常常存在错位或越位现象。市场能够负担环境治理时首先应由市场解决，但政府常常负担了本应该由市场去做的事情，继续为企业由于污染导致的外部性过度买单，政府过多地承担了本应由企业承担的污染治理责任，而当应由政府承担时其财政资金又不足以支撑其环境公共产品或服务的需求。因此，政府和市场之间事权的错位和越位会导致环保财政支出政策无法得到足够的资金保证，进而影响政策的环境效应。

（二） 政府间环保事权划分不明确

政府的环境保护责任，即环境事权，应当遵循每一级政府拥有该级别政府的环境保护责任，同时需要相应的环保财政支出来支持其环境公共产品及服务的供给。地方性环境事权，主要供给环境的影响范围在本辖区范围内的环境公共产品及服务；中央环境事权，主要供给环境的影响范围在多个辖区或者是全国范围内的环境公共产品及服务。目前我国存在央地间环境保护事权划分不明确的问题。有些具有全国性或跨区域性的环境公共产品和服务本应由中央政府负责并对其投入相应的财政资金；有些具有地方性的环境公共产品和服务本应由地方政府负责并对其投入相应的财政资金，由于环保事权划分不明确，导致环保事权和支出责任不明确，或两者无法有效匹配。因此，中央和地方环境保护事权划分不明确会降低我国环保财政支出政策的环境效应。

三、绿色技术创新

绿色技术创新可以分为预防型技术创新和治理型技术创新，两者对于环保财政支出政策环境效应的影响是不同的。预防型技术创新是指企业在生产产品的过程中使用较少原料和能源，预防在生产中产生过多的污染；而治理型技术创新是对生产产品过程中产生的污染物进行治理的技术创新。

第一，环保财政支出政策的环境效应随着预防型技术创新水平的提升逐渐降低。预防型技术创新可以使企业减少生产过程中原材料和能源的使用，提高原材料和能源的利用效率，生产可循环使用的产品。不仅可以从生产源头直接减少污染物的排放和能源消耗，而且还能降低产品的生产成本，提高产品在市场上的竞争力，有助于企业扩大生产规模，提高市场上绿色产品的份额。即预防型技术创新水平越高，市场上的绿色产品将越多，生产过程中的污染排放和能源利用越少，环境质量会越好，此时环保财政支出政策对环境质量的提升作用较小。因此环保财政支出政策的环境效应随着预防型技术创新水平的提高逐渐降低。

第二，环保财政支出政策的环境效应随着污染治理技术创新水平的提升逐渐提高。我国污染物主要来自生活、工业和农业，包括未经处理而排放的工业废水，未经处理而排放的生活污水，大量使用化肥、农药、除草剂的农田污水，堆放在河边的工业废弃物和生活垃圾、水土流失、矿山污水等。治理型技术创新不仅有利于企业节约污染治理费用，还使污染物的治理相对快速有效。因此，污染治理技术创新水平越高，对生产相同产品排放的污染物的治理效果越好，此时环保财政支出政策的环境效应随着污染治理技术创新水平提升逐渐提高。

第二章 我国环保财政支出政策的发展历程与现状

第一节 环保财政支出政策的发展历程

随着我国国民经济发展由农业生产拉动向工业生产拉动转变，生态环境发生了翻天覆地的变化。从环境状况良好到现在的环境事件频发，人们的环保意识也随之增强，逐渐意识到环境污染问题的严重性，因此政府出台了一系列法律法规和政策制度对环境污染进行规制，旨在运用"看得见的手"对环境污染进行控制和治理。环保财政支出政策在特定的经济发展时期和生态环境污染状况下应运而生。

一、环保财政支出政策准备时期（1949～1972 年）

新中国成立之初，我国处在主要以农业生产拉动国民经济发展阶段，传统农业生产是一种以人畜粪便为主要肥料、机械化程度低的原始耕种方式，对化石燃料需求少，因此对环境几乎没有影响。同时，这个时期工业经济刚刚起步，仅占国民经济总量的30%，行业结构单一，多以传统的手工业和简单的机械生产为主，污染物较少，我国的环境污染问题并不显著，导致人们没有形成相应的环境保护意识。因此，政府很少采取手段对环境进行干预。这个时期财政对环境保护的支持主要以资金形式开展，但每年的环境保护财政资金占国民生产总值的比例只有约 0.5%，主要运用在农村水利建设上，且额度非常小。1958 年"大跃进"时期，我国工业化进程大幅度推进，此时环境问题开始显现。1972 年中国代表团参加斯德哥尔摩联合国人类环境会议，会上提到国外环境问题的严峻性，加上中国环境事件如大连湾污染、松花江水系污染、北京鱼污染等频发，我国对环境污染问题开始关注，但此时还未制定有关环境保护的财政支出政策。

二、环保财政支出政策起步时期（1973～1991 年）

改革开放以后，随着工业化的发展，生产方式转变为机械为主人工为辅，加上粗放型产业迅速发展，污染物排放逐渐增多，国家对环境问题开始重视，节能环保事业有了一定的发展，但此时环境保护工作较为宏观，很多政策并不能得到有效落实，环境保护的财政支出政策处于萌芽阶段，具有行政性的特点，对环境的支持主要在资金方面，但财政支出规模较小。1973 年开始我国政府对环境问题采取一系列的措施，通过了《关于保护和改善环境的若干规定（试行）》，设立环保机构、编制环境保护规划、出台环保法规等，明确了环境保护的财政支出政策的执行主体、执行目标和制定依据。

第一，财政支出政策的执行主体——环保机构的设立。《关于保护和改善环境的若干规定（试行）》发布之后陆续建立环保机构。1974 年成立国务院环境保护领导小组，1982 年建立环境保护总局，1984 年将建设部属环保局改为国家环保局，成立国务院环境保护委员会，环保部门成为国务院直属机构。

第二，财政支出政策执行目标——环境保护规划的编制。1974～1976年，国务院环境保护领导小组提出"5 年控制，10 年解决"的规划目标。1975 年，小组要求各地区、各部门把环境保护纳入长远规划和年度计划。1976 年，《关于编制环境保护长远规划的通知》的文件要求把环境保护纳入国民经济的长远规划和年度计划，成为环保规划的依据。

第三，财政支出政策的制定依据——环保法规的出台。1973 年，我国颁布了第一个环境标准《工业"三废"排放试行标准》；之后又陆续颁布了《中华人民共和国防止沿海水域污染暂行规定》等政策法规。1975 年，国务院环境保护领导小组将《关于环境保护的 10 年规划意见》和具体要求印发各省、市、自治区和国务院各部门参照执行。1978 年，我国《宪法》第一次对环境保护作出规定，是我国环境保护法制化建设的基础，也为环境治理的财政支出政策制定提供了宏观上的支持。1982 年《征收排污费暂行办法》的发布对污染物的排放进行了限制，引导企业节能减排，排污费成为环保财政支出的主要资金来源。1984 年印发的《关于环境保护工作的决定》，将政府投资计划中加入环保部门基建投资，并要求提高环保事业费和科技经费支出。1988 年和 1989 年相继发布的《污染源治理专项基金有偿使用暂行办法》和《水污染防治法实施细则》等法律法规和专项资金的设立，是我国环保财政支出政策制定的直接依据。1989 年，颁布了《环境保护法》使我国环境保护走上了法治的道路。至此，我国节能环保支出政策关注的范围进一步扩展，不仅仅只关注工业，此时节能环保事业开始发展。从环保财政支出上来看，虽然从 1970 年开始就认识到环境污染治理投资对改善环境质量的重要性，且一直致力于增加投资金额，但其投资金额占 GDP 比重较低，均未超过 0.8%，且主要用于工业污染源治理。

三、环保财政支出政策探索发展时期（1992～2000 年）

20 世纪 90 年代初期，我国经济体制发生了巨大的变化，使环境保护的财政支出政策也随着经济体制的变化发生了转变。我国 1995 年制定国家"九五"计划时，首次将可持续发展作为一个重大国家战略，将环境保护明确为基本国策。从此我国加快环境立法进程，在各项法律法规中均表明需要借助经济手段或财政手段对环境问题进行干预，还开展环境标志产品的认证种类认证和进行政府采购试点，为我国政府绿色采购政策的出台打下基础。此阶段有关环境保护的财政支出政策具有行政性和市场性的特点。

第一，环境立法进程加快，以财政手段保护环境得到重视。1992 年后，我国出台了《清洁生产促进法》等 5 部有关环境保护的法律，并对《大气污染防治法》等 3 部法律进行了修订，并对 200 多项环境标准和 20 多件环境法规进行了制定或修改。1992 年制定的环境与发展纲领性文件《中国环境与发展十大对策》中提出运用经济手段保护环境。1996 年国务院印发了《关于环境保护若干问题的决定》，提出要避免经济政策制定导致的生态环境问题，因此需要对政策进行完善。1997 年党的十五大提出"集中财力、振兴财政"的要求，将"收支两条线"深入到环境污染等罚没收入部门。1998 年开始实施的《中华人民共和国节约能源法》第六十条规定中央财政和省级地方财政安排节能专项资金用来支持能源节约的相关事务。

第二，为政府绿色采购政策出台打下基础。1993 年诞生了中国环境标志，并逐步开展环境标志产品的认证种类，随后 1996 年我国开始进行政府采购试点，这为我国政府绿色采购政策的出台埋下了伏笔。从环保财政支出上来看，环境污染治理投资额占 GDP 的比例呈增加趋势，且在 2000 年首次突破 1%，投资力度不断增强。

四、环保财政支出政策快速发展时期（2001 年至今）

20 世纪初，我国环境问题与经济发展之间的矛盾变得愈加尖锐，2002 年党的十六大报告中明确将环境保护提上议程。2005 年，在制定"十一五"规划时，首次提出建立资源节约型和环境友好型社会目标；2010 年在制定"十二五"规划时，进一步强化了这一目标。党的十八大及随后多次全会的公报中都明确强调"绿色发展"与"生态文明"。此阶段有关环境保护的财政支出政策具有战略性的特点，重点在于改革和完善法律法规。

（一）环境保护在财政支出科目调整中逐渐受到重视

2007 年政府收支分类改革之前，我国与环境保护有关的支出均以"款"的形式分散在其他类别的财政支出中，并没有形成单独的一"类"。至 2006 年，经国务院批准，财政部、国家税务总局和中国人民银行联合发出通知，将于 2007 年对政府收支分类进行全面改革，并在 17 项政府财政支出的科目中单列出了"环境保护"科目，不再按照经费性质设置科目，取而代之的是按政府的职能和活动设置科目，将环保支出科目整齐划一为"类、款、项"的科目结构，2007 年环境保护支出下包含"环境保护管理事务支出、环境监测与监察支出、污染防治支出、自然生态保护支出、天然林保护工程支出、退耕还林支出、风沙荒漠治理支出、退牧还草支出、已垦草原退耕还草支出和其他环境保护支出"，共 10 款 46 项，此时我国环境保护支出正式具有"类、款、项"三级支出。环境保护支出被设立为独立科目后，环保支出的科目设置不断完善和调整。《2008 年政府收支分类科目》以及财政部与中国人民银行发布《关于修订 2008 年政府收支分类科目的通知》当中设立能源节约利用、污染减排和可再生能源 3 个新的款，将款数目增至 13 个，并对部分项级科目进行了调整，说明我国提高了对污染减排和能源节约的重视程度。至 2009 年，增设第 13 款"资源综合利用"，并对部分项级科目进行了调整。之后，在《修订 2009 年政府收支分类科目的通知》中继续新增第 14 款"能源管理事务"。因此，在 2009 年除了对之前的款项做了细微增加，对于与节约能源相关的款项也进行了补充，丰富了环保支出的内容，扩大了环保职责的范畴。自此，211 类"环境保护"支出下设的"款级"数量确定为 15 个。2011 年的政府收支分类科目中将 211 类"环境保护"更名为"节能环保"。2012 年开始对部分款下的科目进行进一步简化，使得环保科目更加精简。从 2012 年开始再无增减"款级"的调整（2020 年将第 6 款名称由"退耕还林"改为"退耕还林还草"，款的数量无变化）。从资金上来看，我国对节能环保财政支出金额逐年增加。

（二）中央环保财政转移支付政策不断探索

我国为了解决环境问题主要采取政府补偿机制，因此在财政转移支付政策制定上不断探索。2005 年《国务院关于落实科学发展观加强环境保护的决定》要求"要完善生态补偿政策，尽快建立生态补偿机制。中央和地方财政转移支付应考虑生态补偿因素，国家和地方可分别开展生态补偿试点"。2005 年，浙江出台了《关于进一步完善生态补偿机制的若干意见》，通过政府财政转移支付制度，把生态修复和环保所面临的补偿问题统筹起来。2006 年，原环保总局、财政部、国土资源部联合下发了《关于逐步建立矿山环境治理和生态恢复责任机制的指导意见》。《国务院 2007 年工作要点》将"加快建立生态环境补偿机制"列为抓好节能减排工作的重要任务。国家《节能减排综合性工作方案》明确要求改进和完善资源开发生态补偿机制，开展跨流域生态补偿试点工作。《国务院关于编制全国主体功能区规划的意见》也明确提出，实现主体功能区定位要调整完善财政政策，以实现基本公共服务均等化为目标，完善中央和省以下财政转移支付制度，重点增加对限制开发和禁止开发区域用于公共服务和生态环境补偿的财政转移支付，逐步使当地居民享有均等化的基本公共服务。在考虑各地区之间财政转移支付分配时，除考虑东中西部地区差异外，还应将四类主体功能区的因素考虑在内，合理确定不同地区不同主体功能区间的转移支付的标准、规模。环境保护的财政转移支付政策主要在全国重点生态功能区转移支付政策和环保专项转移支付政策两个方面进行了探索。

第一，对国家重点生态功能区转移支付政策进行了探索。2005 年，《中共中央关于制定国民经济与社会发展第十一个五年规划的建议》提出遵循"谁开发谁保护、谁受益谁补偿"的原则，以加快建立生态补偿机制。重点

生态功能区转移支付是目前对重点生态功能区最直接的资金补助，也是区域
生态补偿的主要方式，设立在均衡性转移支付项下，试点建立具有生态补偿
性质的国家重点生态功能区转移支付，其目的在于加强对生态环境的保护以
及改善民生。从 2008 年开始，中央财政在均衡性转移支付项目下，试点设立
了国家重点生态功能区转移支付，采取加强生态保护等支出和提高补助系数
的方法，增加对三江源等重点生态功能区的均衡性转移支付力度。此后不断
进行补充和完善，国家重点生态功能区转移支付的金额以及市、县范围也在
逐步扩大。2008 年，中央财政将天然林保护、青海三江源和南水北调中线等
国家重点生态工程所涉及的 230 个县纳入国家重点生态功能区转移支付补助
范围。具体包括青海三江源自然保护区所辖 17 个县、南水北调中线工程丹江
口库区及上游 40 个县、天然林保护工程区 170 多个县。在中央对地方均衡性
转移支付框架下，中央财政通过提高均衡性转移支付系数和适当考虑地方用
于生态环境保护方面的特殊因素等方式，加大对上述地区的转移支付。2008
年中央财政对国家重点生态功能区补助总额为 60 亿元。2009 年，中央财政
将"水土保持"和"防风固沙"两大类型，包括黄土高原丘陵沟壑水土流失
防治区，广西、贵州、云南等地喀斯特石漠化防治区，塔里木河荒漠区，阿
尔金草原沙漠化防治区，科尔沁沙漠化防治区等 10 个生态功能区 150 多个县
纳入试点范围，涉及人口 4500 多万人。2010 年，《全国主体功能区规划
(2010—2020 年)》正式出台后，中央财政将其中生态类限制开发区、三江源
和南水北调中线水源地等共涉及 451 个县全部纳入补助范围。2010 年在广泛
征求地方意见的基础上，中央财政按照"范围扩大、力度不减、重点突出、
分类处理"的原则，进一步完善中央对地方国家重点生态功能区转移支付办
法。一是提高限制开发区域（生态类）所属县市的转移支付系数。原则上在
确保 2009 年试点范围内的县市享受转移支付力度不减的前提下，兼顾中央财
政的承受能力，考虑生态保护特殊支出及困难程度，适当提高转移支付系数。
二是适当体现对国家级禁止开发区域的财政支持。考虑到禁止开发地区的生
态环境保护任务较重，根据各省禁止开发区域的面积和保护区个数给予引导
性补助，由省级统筹安排用于对所属禁止开发区域生态保护等相关支出。三
是给予相关省级政府一定的引导性与奖励性补助。为引导省级政府加大对省
内限制开发区域的支持力度，减缓矛盾，参照环境保护部《全国生态功能区
划》对部分省给予引导性补助。此外，加大对生态保护比较好的省区奖励力
度。2010 年国家重点生态功能区转移支付总额达到 249 亿元。2011 年正式颁

布《国家重点生态功能区转移支付办法》，从基本原则、资金分配、监督考评、激励约束等 5 个方面对国家重点生态功能区转移支付做了规定。2012 年财政部发布《2012 年中央对地方国家重点生态功能区转移支付办法》，从分配原则、范围确定、分配办法、奖惩机制、省级分配、资金使用和监管 6 个方面对国家重点生态功能区转移支付做了规定。2016 年财政部印发《2016 年中央对地方国家重点生态功能区转移支付办法》，首次发布《2016 年重点生态功能区转移支付情况表》，即公布 2016 年各省获得重点生态功能区转移支付资金情况，2016 年国务院印发《关于同意新增部分县（市、区、旗）纳入国家重点生态功能区的批复》，至此，国家重点生态功能区的县市区数量由原来的 436 个增加至 676 个，占国土面积的比例从 41% 提高到 53%，2021 年增至 810 个。2017 年财政部印发《中央对地方重点生态功能区转移支付办法》，对其进行进一步规范。表 2 - 1 为 2009 ~ 2022 年国家重点生态功能区转移支付政策变化情况。可以看出，与均衡性转移支付的其他子项目相比，国家重点生态功能区转移支付资金的使用受到限制，"重点用于生态环境保护和涉及民生的基本公共服务领域"。其目的不是单一地解决地区间财力差异，而是既要提高当地政府的基本公共服务能力，又要引导当地政府加强生态环境保护。虽然从 2009 ~ 2022 年的资金分配办法和用途均体现了生态环境保护和提升公共服务能力双重目标，但分配办法近年来更加倾向于实现生态环境保护的目标。与此同时，2009 年和 2011 年的监督考评方式为从环境保护和公共服务两个方面选取指标进行评价，2012 年开始监督考评只考虑生态环境保护目标，建立生态环境保护综合评价指标体系对生态环境进行评价，2017 年提出建立健全生态环境保护综合评价和奖惩机制。分配原则也从 2012 年之前的生态环境保护和重点民生领域双重目标变为 2017 年后的仅考虑生态环境保护单一目标。

第二，对节能环保专项转移支付政策进行了探索。节能环保专项转移支付主要来源于环境保护有关的专项资金，与环境保护有关的主要财政专项资金如表 2 - 2 所示。1998 年财政部和教育部印发《天然林保护工程财政专项资金管理暂行办法》的通知，重点支持森林管护事业费、森工企业社会统筹养老保险补助费、森工企业政策性社会性支出补助费、银行贷款财政贴息。"十五"期间主要设立了 5 个有关环境保护的财政专项资金，2001 年设立了自然保护区专项资金，2002 年设立了退耕还林工程财政专项资金，2003 年

表 2-1　　　　　2009~2022 年国家重点生态功能区转移支付政策变化情况

文件名称	分配原则	分配办法	资金用途	监督考评
《国家重点生态功能区转移支付（试点）办法》（财预〔2011〕433 号）	第四条实施绩效考评机制，对生态环境保护较好和重点民生领域保障力度较大的地区给予适当奖励；对因非不可抗拒因素而生态环境状况恶化以及公共服务水平相对下降的地区，采取扣减转移支付等措施	某省（区、市）国家重点生态功能区转移支付应补助数＝(∑该省（区、市）纳入试点范围的市县政府标准财政支出－∑该省（区、市）纳入试点范围的市县政府标准财政收入)×(2－该省（区、市）均衡性转移支付系数)＋纳入试点范围的市县政府生态环境保护特殊支出×补助系数	享受转移支付的基层政府要将资金重点用于环境保护以及涉及民生的基本公共服务领域	从环境保护和公共服务两个方面选取指标，对国家重点生态功能区转移支付资金和资金使用效果进行考评
《国家重点生态功能区转移支付办法》（财预〔2011〕428 号）	第四条与 2009 年第三条相同	在 2009 年（试点）办法中提出的资金分配公式的基础上加上该省（区、市）的禁止开发区补助和省级引导性补助	同 2009 年	从环境保护和治理、公共服务两个方面选取指标，对国家重点生态功能区转移支付资金和资金使用效果进行考评
《2012 年中央对地方国家重点生态功能区转移支付办法》（财预〔2012〕296 号）	第一条（三）建立健全县域生态环境质量监测考核机制，根据评估结果实施适当奖惩	在 2011 年办法中提出的资金分配公式的基础上加上生态文明示范工程试点工作经费补助	同 2009 年	对限制开发等国家重点生态功能区所属县进行生态环境监测与评估，并根据评估结果采取相应的奖惩措施
《2016 年中央对地方国家重点生态功能区转移支付办法》（财预〔2016〕117 号）	第三条（三）建立健全资金分配使用考核和生态环境保护综合评价机制，加大转移支付与考评结果挂钩的奖惩力度，激励地方加大生态环境保护力度，提高资金使用效率	某省重点生态功能区转移支付应补助额＝重点补助＋禁止开发补助＋引导性补助	享受转移支付的地区应当切实增强生态环境保护意识，将转移支付资金用于保护生态环境和改善民生，加大生态扶贫投入，不得用于楼堂馆所及形象工程建设和竞争性领域，同时加强对生态环境质量的考核和资金的绩效管理	财政部对省对下资金分配情况、享受转移支付的县的资金使用情况等进行绩效考核，并会同有关部门完善生态环境保护综合评价办法

文件名称	分配原则	分配办法	资金用途	监督考评
《中央对地方国家重点生态功能区转移支付办法》（财预〔2017〕126号）	第三条（三）建立健全生态环境保护综合评价和奖惩机制，激励地方加大生态环境保护力度，提高资金使用效率	在2016年办法中提出的资金分配公式的基础上加上生态护林员补助，再加上或者减去奖惩资金	同2016年	建立健全生态环境保护综合评价和奖惩机制
《中央对地方国家重点生态功能区转移支付办法》（财预〔2018〕86号）	同2017年	在2017年办法中提出的资金分配公式的基础上补充说明"测算的转移支付应补助额少于该省上一年转移支付预算执行数的，中央财政按照上一年转移支付预算执行数下达"	同2016年	同2017年
《中央对地方重点生态功能区转移支付办法》（财预〔2019〕94号）	同2017年	2017年办法提出的资金分配公式中"奖惩资金"改为"绩效考核奖惩资金"	同2016年	同2017年
《中央对地方重点生态功能区转移支付办法》（财预〔2022〕59号）	同2017年	2019年办法提出的资金分配公式中"绩效考核奖惩资金"改为"考核评价奖惩资金"，补充说明中测算的转移支付应补助额不含考核评价奖惩资金	同2016年	同2017年

资料来源：中华人民共和国财政部网站。

设立了集约化畜禽养殖污染防治专项资金，从2003年起，排污费实行"收支两条线"改革，根据《2004年第一批中央环境保护专项资金项目申报指南及有关规定》，设立了中央环境保护专项资金，之后2004年又设立了三峡库区移民专项资金。"十一五"期间，2006年中央设立可再生能源发展专项资金，2007年又增设了主要污染物减排专项资金，这是继设立211科目之后又一重大进展，制定了《中央财政主要污染物减排专项资金管理暂行办法》，主要用于支持主要污染物减排的监测、指标和考核体系建设。"十一五"时期设立了三河三湖及松花江流域水污染防治财政专项补助资金、城镇污水处理设施配套管网以奖代补资金、中央农村环境保护专项资金，重金属污染防治专项资金、节能技术改造财政奖励资金、淘汰落后产能中央财政奖励资金、再生节能建筑材料生产利用财政补助资金、高效节能产品推广财政补助资金。"十二五"时期，我国有关环境保护的财政专项资金主要有大气污染防治专项资金、水污染防治专项资金（废除江河湖泊生态环境保护项目资金）、土壤污染防治专项资金（废除重金属污染防治专项资金）、江河湖泊治理与保护专项资金（废除三河三湖及松花江流域水污染防治财政专项补助资金）、循环经济发展补助资金、节能减排补助资金、城市管网及污水治理补助资金（废除城镇污水处理设施配套管网以奖代补资金）。"十三五"时期还设立了重点生态保护修复治理专项资金和海洋生态保护修复资金、工业企业结构调整。

表 2 – 2　　　　　　　　与环境保护有关的主要财政专项资金

名称	重点支持和范围	起始时间	最近更新时间	来源
天然林保护工程补助经费	（1）森林管护事业费；（2）森工企业社会统筹养老保险补助费；（3）森工企业政策性社会性支出补助费；（4）银行贷款财政贴息	1998 年	已于 2016 年废止	《天然林资源保护工程财政专项资金管理办法》（财农〔2011〕138 号）
自然保护区专项资金	（1）中西部地区具有典型生态特征和重要科研价值的国家级自然保护区；（2）基础条件好、管理机制顺，具有示范意义的国家级自然保护区；（3）具有重要保护价值，管护设施相对薄弱的国家级自然保护区	2001 年	已于 2016 年废止	《自然保护区专项资金使用管理办法》（财建〔2001〕899 号）
退耕还林工程财政专项资金	长江流域及南方地区每亩退耕地每年补助现金 105 元，黄河流域及北方地区每亩退耕地每年补助现金 70 元；原每亩退耕地每年 20 元现金补助，继续直接补助给退耕农户，并与管护任务挂钩	2002 年	2007 年	《完善退耕还林政策补助资金管理办法》（财农〔2007〕339 号）
农业资源及生态保护补助资金	主要用于耕地质量提升、草原禁牧补助与草畜平衡奖励（直接发放给农牧民，下同）、草原生态修复治理、渔业资源保护等支出方向	2014 年	2017 年	《关于修订〈农业资源及生态保护补助资金管理办法〉的通知》（财农〔2017〕42 号）

续表

名称	重点支持和范围	起始时间	最近更新时间	来源
集约化畜禽养殖污染防治专项资金	中西部地区畜禽养殖大省集约化畜禽养殖企业污染防治与综合利用示范及技术推广项目	2003 年	2003 年	《集约化畜禽养殖污染防治专项资金使用管理办法》(财建〔2003〕618 号)
中央环境保护专项资金	(1) 环境监管能力建设项目；(2) 集中饮用水源地污染防治项目；(3) 区域环境安全保障项目；(4) 建设社会主义新农村小康环保行动项目；(5) 污染防治新技术新工艺推广应用项目；(6) 根据党中央、国务院有关方针政策，财政部、环保总局确定的其他污染防治项目（如与推进排污权有偿取得及交易相关的项目等）	2004 年	2006 年	《中央环境保护专项资金项目申报指南 (2006~2010 年)》
清洁能源发展专项资金 (2019 年及之前为可再生能源发展专项资金)	(1) 清洁能源和新能源重点关键技术示范推广和产业化示范；(2) 清洁能源规模化开发利用及能力建设；(3) 清洁能源公共平台建设；(4) 清洁能源综合应用示范；(5) 党中央、国务院交办的关于清洁能源发展的其他重要事项	2006 年	2020 年	《清洁能源发展专项资金管理暂行办法》(财建〔2020〕190 号)
主要污染物减排专项资金	按照政府与市场职能划分的原则，减排资金重点用于支持中央环境保护部门履行政府职能而推进的主要污染物减排指标、监测和考核体系建设，以及用于对主要污染物减排取得突出成绩的企业和地区的奖励	2007 年	已于 2016 年废止	《中央财政主要污染物减排专项资金管理暂行办法》(财建〔2007〕112 号)
三河三湖及松花江流域水污染防治财政专项补助资金	(1) 污水、垃圾处理设施以及配套管网建设项目；(2) 工业污水深度处理设施，清洁生产项目；(3) 区域污染防治项目：饮用水水源地污染防治，规模化畜禽养殖污染控制，城市水体综合治理等；(4) 规划范围内其他水污染防治项目	2007 年	已于 2013 年废止	《三河三湖及松花江流域水污染防治财政专项补助资金管理暂行办法》(财建〔2007〕739 号)
节能技术改造财政奖励资金	符合下述条件的现有生产工艺和设备实施节能技术改造的项目：(1) 按照有关规定完成审批、核准或备案；(2) 改造主体符合国家产业政策，且运行时间 3 年以上；(3) 节能量在 5000 吨（含）标准煤以上；(4) 项目单位改造前年综合能源消费量在 2 万吨标准煤以上；(5) 项目单位具有完善的能源计量、统计和管理措施，项目形成的节能量可监测、可核实	2007 年	已于 2015 年废止	《节能技术改造财政奖励资金管理办法》(财建〔2011〕367 号)

续表

名称	重点支持和范围	起始时间	最近更新时间	来源
淘汰落后产能中央财政奖励资金	适用行业为国务院有关文件规定的电力、炼铁、炼钢、焦炭、电石、铁合金、电解铝、水泥、平板玻璃、造纸、酒类、味精、柠檬酸、铜冶炼、铅冶炼、锌冶炼、制革、印染、化纤以及涉及重金属污染的行业	2007年	已于2015年废止	《淘汰落后产能中央财政奖励资金管理办法》（财建〔2011〕180号）
再生节能建筑材料生产利用财政补助资金	再生节能建筑材料企业扩大产能贷款贴息；再生节能建筑材料推广利用奖励；相关技术标准、规范研究与制定；财政部批准的与再生节能建筑材料生产利用相关的支出	2008年	已于2016年废止	《再生节能建筑材料财政补助资金管理暂行办法》（财建〔2008〕677号）
高效节能产品推广财政补助资金	补助资金主要用于高效节能产品推广补助和监督检查、标准标识、信息管理、宣传培训等推广工作经费	2009年	已于2013年废止	《高效节能产品推广财政补助资金管理暂行办法》（财建〔2009〕213号）
城镇污水处理设施配套管网以奖代补资金	（1）奖励范围为建成污水处理设施配套管网项目；（2）补助范围为纳入《全国城镇污水处理及再生设施建设"十一五"规划》的城镇污水处理设施配套管网项目，以及根据国务院要求经财政部认定的城镇污水处理设施配套管网项目	2009年	已于2015年废止	《城镇污水处理设施配套管网建设以奖代补专项资金管理办法》（财建〔2009〕501号）
农村环境整治资金（中央农村环境保护专项资金、农村节能减排资金）	（1）农村生活垃圾治理；（2）农村生活污水、黑臭水体治理；（3）农村饮用水水源地环境保护和水源涵养；（4）其他需要支持的事项	2009年	2021年	《农村环境整治资金管理办法》（财资环〔2021〕43号）
重金属污染防治专项资金	重点支持铅、汞、镉、铬、砷等重金属污染企业综合整治、清洁生产工艺改造、污染防治新技术示范和推广等项目	2009年	已于2016年废止	《中央重金属污染防治专项资金管理办法》（财建〔2011〕1147号）
江河湖泊生态环境保护项目资金	（1）江河湖泊生态安全调查与评估项目；（2）饮用水水源地保护项目；（3）流域污染源治理项目；（4）生态修复与保护项目；（5）环境监管能力建设	2013年	已于2015年废止	《江河湖泊生态环境保护项目资金管理办法》（财建〔2013〕788号）

续表

名称	重点支持和范围	起始时间	最近更新时间	来源
水污染防治资金（2016年及以前为水污染防治专项资金）	（1）流域水污染治理；（2）流域水生态保护修复；（3）集中式饮用水水源地保护；（4）地下水生态环境保护；（5）水污染防治监管能力建设；（6）其他需要支持的事项	2015年	2021年	《水污染防治资金管理办法》（财资环〔2021〕36号）
土壤污染防治专项资金	（1）土壤污染源头防控；（2）土壤污染风险管控；（3）土壤污染修复治理；（4）土壤污染状况监测、评估、调查；（5）土壤污染防治管理改革创新；（6）应对突发事件所需的土壤污染防治支出，及其他与土壤环境质量改善密切相关的支出	2016年	2021年	《土壤污染防治资金管理办法》（财资环〔2021〕42号）
大气污染防治资金（2016年及以前为大气污染防治专项资金）	主要支持大气污染防治任务重、社会关注度高的地区	2013年	2021年	《大气污染防治资金管理办法》（财建财资环〔2021〕46号）
节能减排补助资金（2019年及以后转为一般性转移支付资金）	（1）节能减排体制机制创新；（2）节能减排基础能力及公共平台建设；（3）重点领域、重点行业、重点地区节能减排；（4）重点关键节能减排技术示范推广和改造升级；（5）其他经国务院批准的支持范围	2015年	2020年	《关于修改〈节能减排补助资金管理暂行办法〉的通知》（财建〔2020〕10号）
循环经济发展补助资金	（1）国家"城市矿产"示范基地建设；（2）餐厨废弃物资源化利用和无害化处理；（3）园区循环化改造示范；（4）再制造；（5）清洁生产技术示范推广；（6）循环经济（含清洁生产）基础能力建设；（7）国务院循环经济发展综合管理部门、财政部协商确定的其他重点工作	2012年	已于2015年废止	《循环经济发展专项资金管理暂行办法》（财建〔2012〕616号）
城市管网及污水处理补助资金（2018年及之前为城市管网专项资金）	（1）海绵城市建设试点；（2）地下综合管廊建设试点；（3）城市黑臭水体治理示范；（4）中西部地区城镇污水处理提质增效	2015年	2019年	《城市管网及污水处理补助资金管理办法》财建〔2019〕288号

续表

名称	重点支持和范围	起始时间	最近更新时间	来源
重点生态保护修复治理专项资金	(1) 开展山水林田湖草沙冰一体化保护和修复工程，着眼于国家重点生态功能区、国家重大战略重点支撑区、生态问题突出区，坚持保护优先、自然恢复为主，对生态安全具有重要保障作用、生态受益范围较广的重点生态地区进行系统性、整体性修复，完善生态安全屏障体系，整体提升生态系统质量和稳定性；(2) 开展历史遗留废弃工矿土地整治。对生态安全具有重要保障作用、生态受益范围较广的重点生态地区开展历史遗留和责任人灭失的废弃工业土地和矿山废弃地整治，实施区域性土地整治示范，盘活存量建设用地，提升土地节约集约利用水平，修复人居环境	2016 年	2021 年	《重点生态保护修复治理专项资金管理办法》（财资环〔2021〕100 号）
工业企业结构调整专项奖补资金	由地方政府和中央企业主要用于国有企业职工分流安置工作，也可统筹用于符合条件的非国有企业职工分流安置	2016 年	2018 年	《财政部关于印发〈工业企业结构调整专项奖补资金管理办法〉的通知》（财建〔2018〕462 号）
海洋生态保护修复资金	(1) 海洋生态保护和修复治理。对重点区域海域、海岛、海岸带等生态系统进行保护和修复治理，提升海岛海域岸线的生态功能和减灾功能。(2) 入海污染物治理。支持因提高入海污染物排放标准的直排海污染源治理以及海岛海域污水垃圾等污染物治理。(3) 能力建设。支持海域、海岛监视监管系统，海洋观测、生态预警监测建设，开展海洋防灾减灾、海洋调查等。(4) 海洋生态补偿。支持地方开展海洋生态保护补偿。(5) 根据党中央、国务院决策部署需要统筹安排的其他支出	2020 年	2020 年	《海洋生态保护修复资金管理办法》（财资环〔2020〕76 号）

资料来源：根据中华人民共和国财政部发布的政策文件整理所得。

　　从表 2-2 可以看出，中央财政环境保护资金总共可以分为四类：第一类为特定区域的专项资金，如三河三湖及松花江流域水污染防治财政专项补助资金、三峡库区移民专项资金等。第二类为特定领域的专项资金，如集约化畜禽养殖污染防治专项资金、中央农村环境保护专项资金、退耕还林工程财政专项资金等。第三类为特定要素的专项资金，如重金属污染防治专项资金、大气污染防治专项资金、水污染防治专项资金、土壤污染防治专项资金等。第四类为综合性专项资金，主要指包括多个区域多个领域及多个要素的专项资金，如中央环境保护专项资金。

与此同时，地方政府也制定了环保转移支付的相关措施。2008 年浙江省率先制定出台了《浙江省生态环保财力转移支付试行办法》，从 2008 年开始，除了宁波市计划单列以外，处于浙江省八大水系源头地区的各市、县市每年将获得不同额度的省级生态环保财力转移支付资金。之后，我国 31 个省和 5 个计划单列市均设立了环保专项资金，各省根据中央环保专项资金使用范围，同时结合各自环境问题的特点和需求，有针对性地提出差异性的资金支持范围。

（三）建立和完善了政府绿色采购政策

2002 年 6 月 29 日在第九届全国人民代表大会常务委员会第二十八次会议上通过的《中华人民共和国清洁生产促进法》，是关于我国政府绿色采购最早的相关法律，标志着我国政府采购走向法制化进程。随着政府采购规模的不断扩大，政府采购开始被赋予"政策功能"。2003 年 1 月 1 日正式实施的《中华人民共和国采购法》第九条规定："政府采购应当有助于实现国家的经济和社会发展政策目标，包括保护环境，扶持不发达地区和少数民族地区，促进中小企业发展等。"其中明确指出了政府进行绿色采购的目标和重点发展的范围。随着我国《政府采购法》的不断修改与完善，政府绿色采购制度更加系统化、规范化。2004 年，财政部与国家发改委出台了《节能产品政府采购实施意见》，这是我国第一个将节能环保同政府采购相结合的政策规定，明确提出应当优先采购节能产品，逐步淘汰低能效产品；并制定了我国首份政府节能采购清单，列举了八大类多种政府优先采购的节能产品，成为我国第一个政府采购促进节能与环保的具体政策规定。政府采购属于节能清单中产品时，在技术、服务等指标同等条件下，应当优先采购节能清单所列的节能产品。2005 年在中央一级预算单位和省级（含计划单列市）预算单位实行，2006 年扩大到中央二级预算单位和地市一级预算单位实行，2007 年全面实行。2006 年，财政部、国家环保总局联合发布的《关于环境标志产品政府采购实施的意见》及随附的"环境标志产品政府采购清单"，表明我国已经正式将环境准则纳入政府采购模式中，成为政府绿色采购的执行标准和重要参考，其中详细提出了政府绿色采购的具体意见，包括政府绿色采购的范围、绿色产品的清单及政府绿色采购的具体管理办法等，积极推进建设环境友好型社会，发挥政府采购的环保功能，并于 2008 年 1 月 1 日起全面实施。2007 年国务院办公厅根据《国务院关于加强节能工作的决定》和《国务院关于印发节能减排综合性工作方案的通知》的相关规定下发了《国务院办公厅关于建立政府强制采购节能产品制度的通知》，通知中规定了各省、自治区、直辖市人民政府，国务院各部委、各直属机构在政府采购环节中，优先选择节约能源消耗的产品，在部分节能效果突出和节能技术先进的产品中予以强制采购。建立政府强制采购节能产品制度是为了政府在采购工作中更好地实现绿色采购，发挥政府绿色采购的政策导向和典型示范作用。经过十年的实践与探索，根据新形势下的要求，在 2012 年 2 月 29 日第十一届全国人民代表大会常务委员会第二十五次会议通过《全国人民代表大会常务委员会关于修改〈中华人民共和国清洁生产促进法〉的决定》，其中第十六条明确规定："各级人民政府应当优先采购节能、节水、废物再生利用等有利于环境与资源保护的产品。各级人民政府应当通过宣传、教育等措施，鼓励公众购买和使用节能、节水、废物再生利用等有利于环境与资源保护的产品。"2004 年《节能产品政府采购实施意见》和 2006 年《关于环境标志产品政府采购实施的意见》政策的出台，第一期《政府节能产品采购清单》和《环境标志产品采购清单》也随之推出，之后财政部和环境保护部每半年调整公布一次采购清单，截至 2018 年共发布了二十四期《政府节能产品采购清单》和二十二期《环境标志产品采购清单》。2019 年，财政部等四大部门联合印发《关于调整优化节能产品、环境标志产品政府采购执行机制的通知》，根据产品节能环保性能、技术水平和市场成熟程度等因素，确定实施政府优先采购和强制采购的产品类别及所依据的相关标准规范，以品目清单的形式发布并适时调整。不再发布"节能产品政府采购清单"和"环境标志产品政府采购清单"。随着我国政府绿色采购政策不断完善，实施绿色采购不仅仅停留在优先采购的政策建议方面，还对一些产品提出了强制采购的要求。

五、总结与评价

从对有关环境保护的财政支出政策历史沿革的梳理可以看出，我国财政支出政策是在特定时期下产生的。第一阶段，我国主要以农业为主，环境污染少，环保意识不强，我国几乎没有出台任何有关环境保护的财政支出政策，也几乎没有环境保护的财政资金的投入。第二阶段，工业开始发展导致环境污染逐渐增多，人们的环保意识逐渐增强，我国对环境问题开始重视，出台一系列法律法规对环境问题进行规制，但法律法规落实不到位，虽然环境保护的财政资金也逐渐增多，但总规模较小。第三阶段，环境保护明确为基本国策，环境立法进程加快，以财政手段保护环境得到重视。第四阶段，直到 20 世纪初，人们意识到我国经济快速发展付出了严重的环境污染代价，环境污染事件频发，我国开始将环境保护放到了重要的位置，绿色发展成为我国新发展理念之一，有关环境保护的财政支出政策快速发展，环境保护在财政支出科目调整中逐渐受到重视，中央环保财政转移支付政策得到不断探索，逐步建立和完善了政府绿色采购政策。我国有关环境保护的财政支出政策日益丰富和完善，使得生态环境问题得到初步遏制，部分地区有所改善，但目前我国环境形势依然严峻，不仅仅是因为我国目前环境保护的财政支出政策落实存在很多问题，还因为我国环境保护的财政支出政策不够完善。因此，未来如何制定我国财政支出政策使环境污染得到明显改善值得我们深思。

第二节　我国环保财政支出政策实施现状

财政支出政策是政府履行环境保护职能的重要手段，而财政支出是政府财政支出政策的重要体现，因此本节旨在分析有关环境保护的财政支出政策实施现状。

一、节能环保预算财政支出政策实施现状

与环境保护有关的财政支出虽然早已在预决算中存在，但并没有形成单独的"类"，而是分布在各项其他类支出中作为某一"款"或者"项"，直到 2007 年我国政府收支分类才在财政支出科目中单独将"环境保护"科目作为一个大类。2007 年以前，由于与环境保护有关的各项财政支出零星分布在各类支出中，难以从国家财政数据中获得，因此本书以 2007 年以后的数据

对节能环保财政支出的现状进行详细分析（2011 年的政府收支分类科目中将211 类"环境保护"更名为"节能环保"，本节统一将其称为"节能环保"）。这里需要说明的是，绝大部分数据可更新至 2021 年，但部分数据如 2021 年各省节能环保财政支出规模和政府绿色采购相关数据目前暂未公开，因此仅能更新到 2021 年。

（一）我国节能环保财政支出规模逐年上升

从我国节能环保财政支出的绝对规模上看，我国节能环保财政支出总额呈现出逐年上升的趋势（见图 2 - 1）。2007 年我国节能环保财政支出为 995.82 亿元，2021 年我国节能环保财政支出为 5536 亿元，2008 年到 2021 年增长率依次为 45.75%、33.26%、26.26%、8.15%、23.32%、25.92%、11.08%、25.87%、-1.42%、18.64%、12.11%、17.35%、- 14.30%、- 12.59%，可以看出 2010年为分界点，2010 年之前增长率较高，而 2010 年后增速快速回落并上下波动。这是因为 2007 年设置环境保护科目后，环保受到各方面的重视，环境保

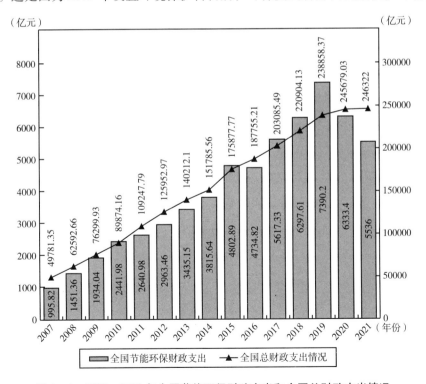

图 2 - 1　2007 ~ 2021 年全国节能环保财政支出和全国总财政支出情况

护财政支出增长较快。而受到2008年金融危机影响，为了避免这次危机，中国推出了宽松的财政政策，投入4万亿元拉动中国经济发展，而挤占了环境保护支出。之后2008年北京奥运会促使政府加大环境保护投入，受2015年股市波动和2020年新冠肺炎疫情影响，2016年、2020年、2021年的增长率为负，最终形成节能环保财政支出增长率先下降后上下波动再下降的趋势。表明我国节能环保财政支出不稳定，受到我国投资和发展方向的影响，在一定程度上有应急导向，还未成为一个独立的主体受到高度重视。与我国总财政支出增长率对比发现，节能环保财政支出14年间增长了455.92%，年均增长13.04%，高于同期我国总财政支出增长率（12.10%）0.69个百分点。由此可以看出，虽然节能环保支出增长不太稳定，但我国财政近年来的确在节能环保方面的支出力度不断加大，政府部门在环境保护事业方面更加重视。

从我国节能环保财政支出的相对规模来看（见图2-2），虽然全国节能环保财政支出占全国总财政支出的比重从2007年的2.00%增加到2021年的2.25%，全国节能环保财政支出占GDP的比重从2007年的0.37%增加到2021年的0.48%，但全国节能环保财政支出占财政支出、GDP的比重仍然很低。从我国节能环保财政支出对总财政支出、GDP的弹性来看（见图2-3），两者的变化趋势大致相同且几乎同步，均经历了上升—下降—上升—下降的

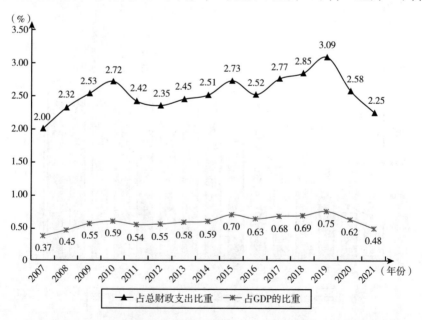

图2-2　2007~2021年全国节能环保财政支出占总财政支出、GDP的比重

过程。节能环保财政支出对总财政支出的弹性绝对值仅在 2011 年、2012 年和 2016 年小于 1，其中 2016 年、2020 年的弹性甚至小于 0，即当总财政支出增加 1%，这两年节能环保财政支出增加不到 1% 甚至下降（2016 年），说明节能环保财政支出增长慢于总财政支出；而其他年份的节能环保财政支出增加（2020 年为下降）超过 1%。节能环保财政支出对 GDP 的弹性绝对值在 2011 年和 2016 年低于 1，其他年份绝对值都高于 1，2015 年达到最高，弹性为 3.68，整体来说节能环保财政支出的增长速度大于 GDP 的增长速度。可见我国财政环保支出的增长十分显著，体现了政府在环境保护方面的支持导向性，但节能环保支出在经济中的比重不高，我国对于节能环保事业的重视程度还有待加强，需要进一步加大环境保护投入。

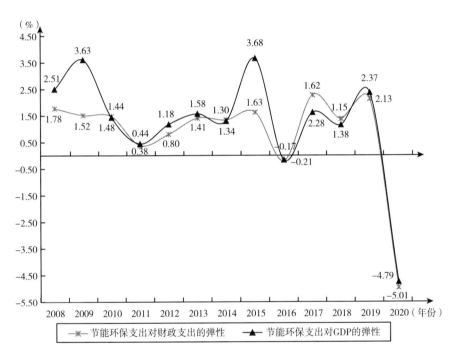

图 2 - 3　2008 ~ 2020 年全国节能环保财政支出对总财政支出、GDP 的弹性

（二）地方政府为节能环保财政支出的提供主体

从地方节能环保财政支出内部结构来看（见表 2 - 3），中央转移支付和地方本级节能环保财政支出规模不断加大，2007 年两者规模分别为 747.52 亿元和 213.71 亿元，分别占全国节能环保财政支出比重为 75.07% 和 21.46%，中央转

移支付规模为地方本级节能环保财政支出的 3 倍多，之后虽然两者规模差距不断缩小，但中央转移支付规模一直大于地方本级节能环保财政支出规模，2014 年地方本级节能环保财政支出规模为 1782.61 亿元，首次超过中央转移支付规模（1688.29 亿元），2021 年地方本级节能环保财政支出规模为 4430.34 亿元，中央节能环保转移支付规模为 821.02 亿元，地方本级节能环保财政支出规模远大于中央节能环保转移支付规模，说明在最初级阶段中央首要保证充裕的环保资金，然后逐步向以"护航"为主要职能的角色进行转变，因此环境保护转移支付在地方环保支出中的比例一再下降。同时，这种行为从侧面激励了各个地方政府积极筹措资金，进而提高了环保工作的效率，从而使地方政府可以运用更加优化的方式处理辖区内的环境问题；从地方政府角度来看，环保事业得到了地方政府的高度重视，近年来对节能环保安排了较多的财政投入，也体现了地方政府对节能环保的投入不再和原来一样基本依赖于中央对地方的环保转移支付，近年来在环保事业上的主动性逐渐增强。

表 2 - 3　　　　　　　2007~2021 年中央和地方财政环保支出情况　　　　单位：亿元

年份	全国节能环保财政支出	中央节能环保财政支出	地方节能环保财政支出		
				中央节能环保转移支付	地方本级节能环保财政支出
2007	995.82	34.59	961.23	747.52	213.71
2008	1451.36	66.21	1385.15	974.09	411.06
2009	1934.04	37.91	1896.13	1113.9	782.23
2010	2441.98	69.48	2372.5	1373.62	998.88
2011	2640.98	74.19	2566.79	1548.84	1017.95
2012	2963.46	63.65	2899.81	1934.77	965.04
2013	3435.15	100.26	3334.89	1703.67	1631.22
2014	3815.64	344.74	3470.9	1688.29	1782.61
2015	4802.89	400.41	4402.48	1854.4	2548.08
2016	4734.82	91.16	4439.33	1579.45	2859.88
2017	5617.33	350.56	5266.77	1661.65	3605.12
2018	6297.61	427.56	5870.05	1626	4244.05
2019	7390.2	421.19	6969.01	853.22	6115.79
2020	6333.4	344.26	5989.14	694.03	5295.11
2021	5536	273.78	5251.36	821.02	4430.34

资料来源：2008~2021 年《中国财政年鉴》，2021 年全国财政决算。

（三）经济发达地区节能环保财政支出规模高速增长

如表 2 - 4 所示，从各省节能环保财政支出绝对规模来看，2007 年各省的节能环保财政支出水平均较低，且差异较大。2007 年，地方节能环保财政支出最高为四川省 71.16 亿元，最低为西藏 4.77 亿元。2020 年，各省的节能环保财政支出均有提升，地方节能环保财政支出最高为广东、河北和江苏，分别为 517.76 亿元、509.27 亿元和 336.9 亿元，最低是西藏、宁夏和海南，分别为 48.93 亿元、49.48 亿元和 57.84 亿元；提升最快的是广东、福建和江西，2020 年三省节能环保财政支出分别为其 2007 年的 19.38 倍、16.13 倍和 15.73 倍；提升最慢的为内蒙古、辽宁和甘肃，2020 年三省（区）节能环保财政支出分别为其 2007 年的 2.42 倍、3.19 倍和 3.39 倍。由此可见，2020 年节能环保财政支出最高与提升最快的几个省基本为东部经济发达地区，而节能环保财政支出最低的省的工业污染较少，基本为西部经济欠发达且环境质量好的地区。从各省节能环保财政支出相对规模来看，节能环保财政支出占 GDP 比重 2020 年较 2007 年大部分省份都有所提升，说明各地政府对环保事业的重视程度增强，2020 年节能环保财政支出占 GDP 比重最高为西藏 2.57%，其次是青海 2.45%，黑龙江、山西、河北、甘肃、宁夏、吉林、海南的比重均在 1% 以上。节能环保财政支出占 GDP 比重最低为江苏、浙江、福建和辽宁，比重均小于 0.4%，分别为 0.33%、0.34%、0.36% 和 0.39%。可见，比重较高的地区大部分为经济欠发达地区，而比重低的均为东部经济发达地区。

表 2 - 4　　　各省 2007 年和 2020 年节能环保财政支出情况对比

地区	2007 年节能环保财政支出（亿元）	2020 年节能环保财政支出（亿元）	倍数	2007 年节能环保财政支出占 GDP 比重（%）	2020 年节能环保财政支出占 GDP 比重（%）
北京	29.58	236.90	8.01	0.30	0.66
天津	5.91	60.72	10.27	0.11	0.43
河北	43.80	509.27	11.63	0.32	1.41
山西	44.97	260.28	5.79	0.75	1.47
内蒙古	61.73	149.37	2.42	0.96	0.86
辽宁	30.73	97.94	3.19	0.28	0.39
吉林	30.45	131.53	4.32	0.58	1.07

续表

地区	2007 年节能环保财政支出（亿元）	2020 年节能环保财政支出（亿元）	倍数	2007 年节能环保财政支出占 GDP 比重（%）	2020 年节能环保财政支出占 GDP 比重（%）
黑龙江	44.34	220.27	4.97	0.62	1.61
上海	20.04	181.88	9.08	0.16	0.47
江苏	48.31	336.90	6.97	0.19	0.33
浙江	31.38	220.59	7.03	0.17	0.34
安徽	37.65	190.83	5.07	0.51	0.49
福建	9.70	156.42	16.13	0.10	0.36
江西	13.88	218.27	15.73	0.24	0.85
山东	33.94	291.54	8.59	0.13	0.40
河南	60.92	272.63	4.48	0.41	0.50
湖北	28.05	219.18	7.81	0.30	0.50
湖南	29.84	245.58	8.23	0.32	0.59
广东	26.71	517.76	19.38	0.08	0.47
广西	14.1	100.74	7.14	0.24	0.45
海南	5.32	57.84	10.87	0.42	1.05
重庆	38.62	179.71	4.65	0.83	0.72
四川	71.16	264.02	3.71	0.67	0.54
贵州	27.23	146.15	5.37	0.94	0.82
云南	31.38	163.97	5.23	0.66	0.67
西藏	4.77	48.93	10.26	1.40	2.57
陕西	48.75	190.34	3.90	0.85	0.73
甘肃	33.6	114.03	3.39	1.24	1.26
青海	18.98	73.51	3.87	2.38	2.45
宁夏	12.76	49.48	3.88	1.39	1.26
新疆	22.62	82.59	3.65	0.64	0.60

资料来源：2008～2021 年《中国财政年鉴》。

结合绝对规模和相对规模来看，各地不论是绝对规模还是相对规模均有提升，支出水平提升一方面是因为经济发展伴随着的污染增多，拉动节能环保财政支出相应增多；另一方面是由于各省政府开始对环保事业更加重视，因此推动节能环保财政支出的增长。从不同地区来看，经济发达地区节能环保财政支出绝对规模相对较高，但其相对规模低；而经济欠发达地区节能环保财政支出绝对规模较低，而相对规模高。

（四）中央和地方政府逐渐加强能源节约方面的重视程度

每年财政部公布的公共支出决算表显示了各科目的财政支出规模，由此可对我国对环境保护财政支出进行全面的了解，从而更加准确掌握有关科目的执行情况以及政府工作重点。表面上看，虽然全国公共支出决算表的科目应与政府收支分类科目相一致，然而在节能环保财政支出列入预算的前三年，公共支出决算表中并未完全公布其各"款""项"的支出金额，如 2007 年只公布了全国环保支出的总额，并无明细；2008 年和 2009 年除了公布环保支出总额之外，仅公布了部分"款级"支出金额，且没有"项级"支出明细。直到 2010 年财政部才将环境保护支出科目的三级明细全部公布。所以，以 2010 年以后的节能环保财政支出内部结构数据进行分析。

表 2 - 5 为 2010 年和 2021 年中央和地方节能环保财政支出内部结构变化，从以下 4 个方面进行分析。

表 2 - 5　　　2010 年和 2021 年中央和地方节能环保财政支出内部结构

款	中央节能环保财政支出			地方节能环保财政支出		
	2010 年（亿元）	2021 年（亿元）	倍数	2010 年（亿元）	2021 年（亿元）	倍数
环境保护管理事务	3.73	5.04	1.35	98.14	437.18	4.45
环境监测与检查	2.86	4.22	1.48	25.33	81.91	3.23
污染防治	8.61	4.14	0.48	711.63	2028.55	2.85
自然生态保护	0.72	8.22	11.42	103.63	623.61	6.02
天然林保护	6.76	30.70	4.54	67.73	252.89	3.73
退耕还林还草	5.11	1.52	0.30	400.18	95.36	0.24
风沙荒漠治理	—	—	—	36.26	13.27	0.37
已垦草原退耕还草						
能源节约利用	26.89	7.05	0.26	375.04	476.00	1.27
污染减排	6.11	19.32	3.16	297.7	429.02	1.44
可再生能源	5.5	37.59	6.83	112.38	28.16	0.25
循环经济	—	0.01	—	—	47.46	—

续表

款	中央节能环保财政支出			地方节能环保财政支出		
	2010 年 （亿元）	2021 年 （亿元）	倍数	2010 年 （亿元）	2021 年 （亿元）	倍数
资源综合利用	2.49	—	—	41.75	—	—
能源管理事务	0.7	72.55	103.64	1.69	69.52	41.14
江河湖库流域治理与保护	—	—		—	—	
其他节能环保支出	—	83.42		101.04	665.18	6.58

资料来源：2011～2021 年《中国财政年鉴》，2021 年全国财政决算。

第一，从中央和地方节能环保财政支出规模对比来看，2010 年中央节能环保财政支出下所有的款级科目均小于地方的款级科目，而 2021 年除可再生能源和能源管理事务支出外中央节能环保财政支出下的其他款级科目均小于地方的款级科目，2021 年中央可再生能源和能源管理事务支出分别为 37.59 亿元和 72.55 亿元，而地方的分别为 28.16 亿元和 69.52 亿元。

第二，从各项节能环保财政支出规模来看，2010 年地方节能环保财政支出下的"污染防治"科目支出规模最大（711.63 亿元），其次是"能源节约利用"（375.04 亿元）和"退耕还林还草"（400.18 亿元）；2021 年"污染防治"科目的支出规模依然遥遥领先于其他科目（2028.55 亿元），其次是"其他节能环保支出"（665.18 亿元）和"自然生态保护"（623.61 亿元）。2010 年规模较大的"退耕还林还草"科目到 2021 年反而规模缩小；2010 年中央节能环保财政支出下的"能源节约利用"规模最大（26.89 亿元），其次为"污染防治"（8.61 亿元）和"天然林保护"（6.76 亿元）。2021 年"其他节能环保支出"科目支出（83.42 亿元）最高，其次是"能源管理事务"（72.55 亿元）和"可再生能源"（37.59 亿元）；而 2010 年规模较大的"污染防治""能源节约利用"科目在 2021 年规模明显缩小。

第三，从各项节能环保财政支出规模增加倍数来看，地方节能环保财政支出下的"能源管理事务"、"其他节能环保支出"和"自然生态保护"增加倍数最多，这 3 个科目 2021 年分别是 2007 年的 41.14 倍、6.58 倍和 6.02 倍，中央节能环保财政支出下"能源管理事务"、"自然生态保护"和"可再生能源"增加倍数最多，这 3 个科目 2021 年分别是 2007 年的 103.64 倍、11.42 倍和 6.83 倍。

第四，从比重变化幅度可以看出，地方节能环保财政支出比重上升幅度最大的三个科目为"污染防治"、"其他节能环保支出"和"自然生态保护",比重分别上升 8.66 个、8.41 个和 7.51 个百分点,比重下降幅度最大的三个科目为"退耕还林还草""能源节约利用"和"污染减排",比重分别下降 15.05 个、6.74 个和 4.38 个百分点(见图 2 - 4);中央节能环保财政支出比重上升幅度最大的三个科目为"其他节能环保支出""能源管理事务"和"可再生能源",比重分别上升 30.47 个、25.49 个和 5.81 个百分点,比重下降幅度最大的三个科目为"能源节约利用""污染防治"和"退耕还林还草",比重分别下降 36.13 个、10.88 个和 6.79 个百分点(见图 2 - 5)。

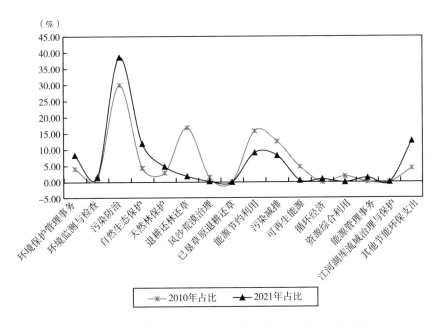

图 2 - 4 2010 年和 2021 年地方节能环保财政支出比重对比

从以上分析可以看出,近年来中央和地方政府逐渐加强对能源节约方面的重视程度,加大了对能源管理方面的财政投入,且近年来中央政府在能源管理事务方面的财政投入占主导地位,而地方政府主要在污染防治方面。

二、国家重点生态功能区转移支付政策实施现状

(一)国家重点生态功能区转移支付金额不断上升

近年来,国家重点功能区转移支付金额一直稳步增加(见图 2 - 6),

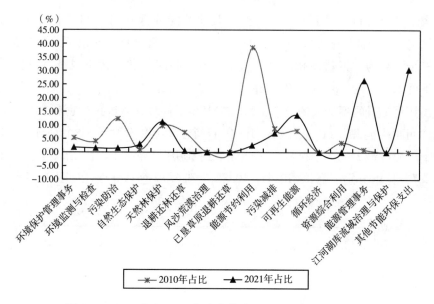

图 2 – 5 　2010 年和 2021 年中央节能环保财政支出比重对比

2008 年投入 60 亿元，2009 年投入金额翻番为 120 亿元，增长率为 100%，2010 年继续翻番到 249 亿元，增长率为 107.50%，2011 年增长为 300 亿元，增长率为 20.48%，2012 年增长到 371 亿元，直到 2021 年增长到 881.9 亿

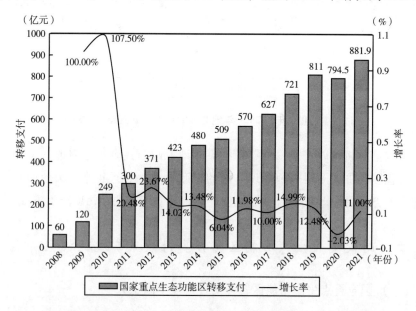

图 2 – 6 　2008～2021 年国家重点生态功能区转移支付及其增长率

元，2008～2021 年年均增长率为 67.58%。全国重点生态功能区转移支付资金一直不断上升，2009 年和 2010 年增长率大于 1，2011 年其增长率断崖式下跌到 20.48%，之后增长率基本处于下降趋势。虽然如此，国家重点生态功能区转移支付资金的覆盖范围不断扩大，覆盖范围从 2008 年的 230 个县（市区）扩大到 2021 年的 810 个县（市区），并且其县均获得转移支付资金呈不断上升趋势，2008 年县均获得 0.26 亿元转移支付资金，2009 年和 2010 年县均获得 0.32 亿元和 0.55 亿元转移支付资金，到 2013 年和 2014 年达到最高为 0.94 亿元，虽然 2019 年最高，达到 0.99 亿元，2020 年下降到 0.98 亿元，但相对于 2008 年已获得较大提升（见表 2-6）。

表 2-6　　　2008～2020 年国家重点生态功能区的县（市区）数量及
县均获得转移支付资金

年份	2008	2009	2010	2011	2012	2013	2014	2015	2016	2017	2018	2019	2020
县（市区）（个）	230	380	451	—	—	452	512	—	676	820	818	817	810
县均获得转移支付资金（亿元）	0.26	0.32	0.55	—	—	0.94	0.94	—	0.84	0.76	0.88	0.99	0.98

资料来源：《中国财政年鉴》、财政部新闻。

（二）西部地区获得重点生态功能区转移支付资金较多

表 2-7 为 2021 年中央对地方国家重点生态功能区转移支付资金及排名。将我国 31 个省分为东、中、西 3 个区域进行分析，东部地区包括 11 个省份（北京、天津、河北、辽宁、上海、江苏、浙江、福建、山东、广东、海南）；中部地区包括 8 个省份（山西、吉林、黑龙江、安徽、江西、河南、湖南、湖北）；西部地区包括 12 个省份（重庆、四川、贵州、云南、西藏、陕西、甘肃、青海、宁夏、新疆、内蒙古、广西）。可以看出，排名前 10 位的省份有 7 个（甘肃、云南、贵州、四川、新疆、青海和陕西）均属于西部地区，2 个省份（湖南、湖北）属于中部地区，而仅有河北 1 个省份属于东部地区；再看排名末 10 位的省份，广东、山东、辽宁、浙江、北京、江苏、天津、上海共 8 个省份属于东部地区，仅吉林和山西 2 个省份属于中部地区。说明西部地区获得中央对地方国家重点生态功能区转移支付资金较多，而东

部地区获得的资金较少，这种现象不仅是因为重点生态功能区主要分布在西部地区，而且按照 2019 年《中央对地方重点生态功能区转移支付办法》中的资金分配办法"某省重点生态功能区转移支付应补助额 = 重点补助 + 禁止开发补助 + 引导性补助 + 生态护林员补助 ± 绩效考核奖惩资金"，其中对重点生态县域，中央财政按照标准财政收支缺口并考虑补助系数测算，说明中央对地区的转移支付资金还与地方财政能力有关，一般来说西部地区财政支出较多，但其财政收入能力远不能满足其支出的需求，因此标准收支缺口相应较大，获得国家重点生态功能区转移支付资金较多。

表 2 - 7 　　2021 年中央对地方国家重点生态功能区转移支付资金及排名　　单位：亿元

排名	地区	中央对地方国家重点生态功能区转移支付资金	排名	地区	中央对地方国家重点生态功能区转移支付资金
1	甘肃	74.06	17	安徽	24.82
2	云南	64.45	18	江西	23.58
3	贵州	62.51	19	海南	21.58
4	四川	55.78	20	宁夏	20.00
5	湖南	51.1	21	福建	13.76
6	新疆	48.46	22	广东	13.66
7	青海	46.54	23	山西	11.87
8	河北	43.24	24	吉林	11.51
9	湖北	41.31	25	山东	9.70
10	陕西	40.41	26	辽宁	6.03
11	内蒙古	38.05	27	浙江	4.98
12	黑龙江	33.19	28	北京	2.21
13	广西	31.66	29	江苏	2.19
14	西藏	31.39	30	天津	8.44
15	重庆	26.69	31	上海	7.40
16	河南	25.43			

资料来源：《2021 年中央对地方重点生态功能区转移支付分配情况表》。

三、中央节能环保专项转移支付政策实施现状

（一）节能环保专项转移支付相对规模基本稳定

2007 年政府实施了收支分类改革，不仅在 17 项政府财政支出的科目中

单列出了"环境保护"科目，而且在中央财政转移支付下的专项转移支付中也同步单列了"环境保护"科目。从绝对规模来看，2007～2021年中央节能环保专项转移支付规模呈现先上升后下降再上升的趋势（见表2-8）。2007年节能环保专项转移支付规模为747.52亿元，到2012年规模达到最大1934.77亿元后开始下降，2013年和2014年中央节能环保财政支出规模分别为1703.67亿元、1688.29亿元，2015年再次上升到1854.4亿元后下降，到2021年节能环保专项转移支付规模仅821.02亿元。2013年主要是节能家电补贴政策到期取消，相应减少节能专项资金，以及基本建设支出减少，导致总的支出规模相对2012年减少；2014年规模继续下降主要是因为1.6升及以下节能汽车推广补贴比预计数减少。2016年规模下降主要是因为退耕还林工程实施任务减少。从相对规模来看，节能环保专项转移支付占专项转移支付的比重由2007年的10.85%变动至2012年的10.29%，变动幅度较小，基本保持稳定，维系在10%左右的水平，2012年比重开始下降，到2018年降到7.09%，2021年上升到了11.7%，与绝对规模的变化趋势基本保持一致。

表2-8   2007～2021年中央节能环保专项转移支付金额和比重

年份	节能环保专项转移支付（亿元）	节能环保专项转移支付占专项转移支付比重（%）
2007	747.52	10.85
2008	974.09	9.78
2009	1113.9	9.01
2010	1373.62	9.73
2011	1548.84	9.35
2012	1934.77	10.29
2013	1703.67	9.15
2014	1688.29	8.91
2015	1854.4	8.58
2016	1579.45	7.55
2017	1661.65	7.59
2018	1626	7.09
2019	853.22	11.28
2020	694.03	8.94
2021	821.02	11.7

资料来源：2007～2018年中央对地方税收返还和转移支付决算表、2019～2021年中央对地方转移支付决算表。

（二）专项转移支付构成中节能环保位居前列

2021 年，中央节能环保专项转移支付金额为 821.02 亿元，图 2 – 7 中仅显示了 2017 年排名前 10 位的专项转移支付。由图 2 – 7 可以看出，节能环保专项转移支付规模（11.56%）在专项转移支付构成中排名第三，仅次于基建支出（63.87%）、农林水支出（13.33%），高于住房保障、教育、医疗等民生支出。说明尽管节能环保专项转移支付比重有所下降，但其占比在专项转移支付构成中排名靠前。

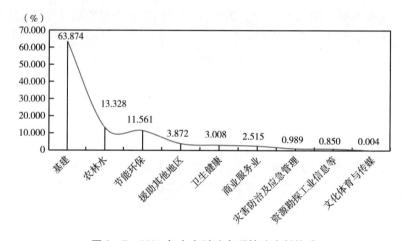

图 2 – 7　2021 年中央财政专项转移支付构成

（三）各项节能环保专项转移支付不断整合

中央节能环保转移支付资金投入情况如表 2 – 9 ~ 表 2 – 13 所示，数据来源于历年中央对地方税收返还和转移支付决算表（2010 年之前未公布明细），其中 2010 ~ 2013 年中央节能环保专项转移支付下设科目按照支出功能分类，统一分为环境监测与监察、污染防治、自然生态保护、天然林保护、退耕还林、风沙荒漠治理、退牧还草、能源节约利用、污染减排、可再生能源、资源综合利用和其他节能环保支出共 12 类。2014 年和 2015 年中央节能环保专项转移支付下设科目按照支出经济分类，每一年的支出科目有所变化，2014 年有江河湖泊治理与保护专项资金、节能专项资金、天然林保护工程补助经费、排污费支出、三峡库区移民专项资金、可再生能源发展专项资金、城镇污水处理设施配套管网专项资金、退耕还林工程财政专项资金、循环经济发展补助资金、农村环境保护资金、重金属污染防治、大气污染防治资金、生物多样性保护专项资金和基建支出共 14 类支出，2015 年有可再生能源发展专项资金、大气污染防治资金、水污染防治资金、节能减排补助资金、城市管网专项资金、重金属污染防治、排污费支出、天然林保护工程补助经费、退耕还林工程财政专项资金和基建支出共 10 类支出。2016 年有可再生能源发展专项资金、大气污染防治资金、水污染防治资金、节能减排补助资金、城市管网专项资金、土壤污染防治专项资金、排污费支出、工业企业结构调整专项奖补资金、天然林保护工程补助经费和退耕还林工程财政专项资金共 10 类支出。2017 年有可再生能源发展专项资金、大气污染防治资金、水污染防治资金、节能减排补助资金、城市管网专项资金、土壤污染防治专项资金、工业企业结构调整专项奖补资金、农村环境整治资金和林业生态保护恢复资金共 9 类支出。2018 年有可再生能源发展专项资金、大气污染防治资金、水污染防治资金、节能减排补助资金、城市管网专项资金、土壤污染防治专项资金、农村环境整治资金、林业生态保护恢复资金 8 类支出。2019 年有大气污染防治资金、水污染防治资金、可再生能源发展专项资金、城市管网及污水治理补助资金、土壤污染防治专项资金、农村环境整治资金 6 类支出。2020 年有大气污染防治资金、水污染防治资金、清洁能源发展专项资金、城市管网及污水治理补助资金、土壤污染防治专项资金、农村环境整治资金 6 类支出。2021 年有工业企业结构调整专项奖补资金、大气污染防治资金、水污染防治资金、清洁能源发展专项资金、城市管网及污水治理补助资金、土壤污染防治专项资金、农村环境整治资金 7 类支出。2013 年党的十八届三中全会从全局和战略高度提出要完善一般性转移支付增长机制，清理、整合、规范专项转移支付，并提出整体压缩专项转移支付，并对其内部结构进行优化，加大教科文卫、社会保障、节能环保、农林水等重点民生领域的投入力度。近年来，通过不断优化节能环保专项转移支付的内部结构，整合已有的各项专项转移支付，并根据实际情况设置新的专项资金，节能环保专项转移支付数量已从 2014 年的 14 个降低到 2021 年的 7 个。

表 2 - 9　　　**2010 ~ 2013 年中央节能环保专项转移支付资金投入情况**　　单位：亿元

科目	2010 年	2011 年	2012 年	2013 年
环境监测与监察	6.41	4.76	——	——
污染防治	263.93	286.16	298.37	314.84
自然生态保护	36.54	49.28	61.97	83.03

续表

科目	2010 年	2011 年	2012 年	2013 年
天然林保护	58.39	138.35	138.14	138.02
退耕还林	337.65	297.79	280.33	277.48
风沙荒漠治理	27.00	33.00	35.00	37.68
退牧还草	33.15	19.74	19.74	19.72
能源节约利用	281.70	358.38	594.20	447.04
污染减排	184.59	185.28	261.07	169.90
可再生能源	100.81	115.65	163.55	133.71
资源综合利用	42.54	58.41	82.15	82.25
其他节能环保支出	0.91	2.04	0.25	—
总节能环保支出	1373.62	1548.84	1934.77	1703.67

资料来源：2010~2013 年中央对地方税收返还和转移支付决算表。

表 2-10　　　　2014~2015 年中央节能环保转移支付资金投入情况　　单位：亿元

2014 年		2015 年	
科目	金额	科目	金额
江河湖泊治理与保护专项资金	70.00	可再生能源发展专项资金	92.33
节能专项资金	316.34	大气污染防治资金	107.38
天然林保护工程补助经费	145.17	水污染防治资金	121.51
排污费支出	10.07	节能减排补助资金	442.09
三峡库区移民专项资金	0.27	城市管网专项资金	180.00
可再生能源发展专项资金	165.50	重金属污染防治	37.00
城镇污水处理设施配套管网专项资金	105.87	排污费支出	17.00
退耕还林工程财政专项资金	283.75	天然林保护工程补助经费	172.40
循环经济发展补助资金	24.43	退耕还林工程财政专项资金	308.15
农村环境保护资金	58.84	基建支出	373.08
重金属污染防治	37.00		
大气污染防治资金	105.50		
生物多样性保护专项资金	2.00		
基建支出	363.55		
总节能环保支出	1688.29	总节能环保支出	1854.40

资料来源：2014 年、2015 年中央对地方税收返还和转移支付决算表。

表 2 – 11　　　　2016～2017 年中央节能环保转移支付资金投入情况　　　单位：亿元

2016 年		2017 年	
科目	金额	科目	金额
可再生能源发展专项资金	72.45	可再生能源发展专项资金	46.3
大气污染防治资金	111.88	大气污染防治资金	160
水污染防治资金	131	水污染防治资金	115
节能减排补助资金	344.57	节能减排补助资金	339.13
城市管网专项资金	185	城市管网专项资金	166.5
土壤污染防治专项资金	90.89	土壤污染防治专项资金	65.35
排污费支出	20	工业企业结构调整专项奖补资金	299.37
工业企业结构调整专项奖补资金	298.13	农村环境整治资金	59.85
天然林保护工程补助经费	211.61	林业生态保护恢复资金	410.15
退耕还林工程财政专项资金	212.05		
总节能环保支出	1677.58	总节能环保支出	1661.65

资料来源：2016 年、2017 年中央对地方税收返还和转移支付决算表。

表 2 – 12　　　　2018～2019 年中央节能环保转移支付资金投入情况　　　单位：亿元

2018 年		2019 年	
科目	金额	科目	金额
可再生能源发展专项资金	59.66	大气污染防治资金	250
大气污染防治资金	200	水污染防治资金	190
水污染防治资金	150	可再生能源发展专项资金	57.32
节能减排补助资金	518.96	城市管网及污水治理补助资金	186.22
城市管网专项资金	186.5	土壤污染防治专项资金	50
土壤污染防治专项资金	35	农村环境整治资金	59.84
农村环境整治资金	59.84		
林业生态保护恢复资金	416.04		
总节能环保支出	1626		793.38

资料来源：2018 年中央对地方税收返还和转移支付决算表，2019 年中央对地方转移支付决算表。

表 2 – 13 　　　　2020～2021 年中央节能环保转移支付资金投入情况 　　单位：亿元

2020 年		2021 年	
科目	金额	科目	金额
大气污染防治资金	250	工业企业结构调整专项奖补资金	100
水污染防治资金	197	大气污染防治资金	275
清洁能源发展专项资金	44.82	水污染防治资金	217
城市管网及污水治理补助资金	126.21	清洁能源发展专项资金	22.69
土壤污染防治专项资金	40	城市管网及污水治理补助资金	126.33
农村环境整治资金	36	土壤污染防治专项资金	44
		农村环境整治资金	36
总节能环保支出	694.03	总节能环保支出	821.02

资料来源：2020 年、2021 年中央对地方转移支付决算表。

四、政府绿色采购政策实施现状

2004 年财政部和国家环保总局共同发布了《节能产品政府采购实施意见》，并于隔年又发布了《关于环境标志产品政府采购实施的意见》，两个意见的出台标志着我国政府绿色采购工作正式启动。

（一）政府绿色采购规模上升势头放缓

2006～2016 年我国节能环保采购规模飞速增长（见表 2 – 14），2006 年我国政府绿色采购刚刚起步，节能环保采购金额为 126.4 亿元，仅占政府采购规模的 3.43%，2006～2009 年节能环保采购金额占政府采购规模的比重一直不超过 6%，2010 年节能环保采购金额为 1323.2 亿元，占政府采购规模的 15.71%，2010 年节能环保采购金额占政府采购规模的比重突然升高主要是因为节能环保产品清单的范围不断扩大，同时节能减排的采购政策更加完善，节能环保清单管理不断优化，各采购人更加严格执行国家印发的节能环保政府采购清单。2014 年节能环保采购金额为 3862.4 亿元，占政府采购规模的 22.32%，为近 10 年来占比最高。节能环保采购规模的比重不断上升，表明政府绿色采购本身对节能环保产业的直接拉动作用。然而 2015 年节能环保采购金额 10 年来首次下滑，较 2014 年下降了 1156.1 亿元，下降了近 30%。2019 年下滑至 1352.4 亿元，2020 年规模为 1380.1 亿元。2014 年以后节能环保采购规模和比重持续下降，下降的主要原因有三点：一是经济增速下降，进而导致财政收入增速快速下跌，迫使各部门采购预算减少，最终压减了节能环保产品的采购预算；二是节能环保产品往往处于一个较高的价格区间，当预算处于压减压力下，导致节能环保产品的需求出现明显下降；三是未对节能和环保清单内的产品给予足够的政策倾斜，导致该类产品难以中标；四是突发重大事件，如新冠肺炎疫情影响等。

表 2 - 14　2006～2020 年我国政府节能环保采购规模及其占政府采购规模的比重

年份	政府采购规模（亿元）	节能环保采购规模（亿元）	比重（%）
2006	3681. 6	126. 4	3. 43
2007	4660. 9	164. 5	3. 53
2008	5990. 9	303. 1	5. 06
2009	7413. 2	302. 1	4. 08
2010	8422	1323. 2	15. 71
2011	11332. 5	1650. 4	14. 56
2012	13977. 7	2220. 3	15. 88
2013	16381. 1	3274	19. 99
2014	17305. 34	3862. 4	22. 32
2015	21070. 5	2706. 3	12. 84
2016	25731. 4	2704	10. 51
2017	32114. 3	3444	10. 72
2018	35861. 4	3301. 2	9. 21
2019	33067	1352. 4	4. 09
2020	36970. 6	1380. 1	3. 73

资料来源：2007～2014 年《中国政府采购年鉴》，2014～2020 年《全国政府采购简要情况》。

（二）政府绿色采购政策实施初显成效

目前我国政府绿色采购主要包括两类产品，第一类为节能、节水产品，主要采取强制和优先采购的方式对节能清单中的产品进行采购；第二类为环境标志产品，主要采取优先购买的方式对环保清单中的产品进行采购。因此，政府绿色采购不仅可以提高节能、节水产品在同类产品中的比重，还可以提高环保产品占同类产品的比重。分析我国 2008～2016 年政府绿色采购实施情况（见表 2 - 15），可以看出 2008 年，节能、节水产品采购金额为 131. 9 亿元,其占同类产品比重为 64%,环保产品采购金额为 171.2 亿元,其占同类产品比重为 69%;2017 年节能、节水产品政府采购金额为 1733 亿元,占同类产品比重为 92.1%,环保产品政府采购金额为 1711.3 亿元,占同类产品比重为 90.8%;2020 年节能、节水产品政府采购金额为 566.6 亿元,占同类产品比重为 85.7%,环保产品政府采购金额为 813.5 亿元,占同类产品比重为 85.5%。绝对金额和占比均出现先上升后下降态势。但不论是绝对规模还是相对规模都有了较大的提升,绿色采购的实施取得了明显的成效,有利于推广节能产品、节约能源,促进我国节能环保事业的发展。

表 2-15 2011～2020 年节能、节水产品和环保产品政府采购金额分别占同类产品比重

	2011 年	2012 年	2013 年	2014 年	2015 年	2016 年	2017 年	2018 年	2019 年	2020 年
节能、节水产品政府采购金额(亿元)	910.60	1280.70	1839.10	2100.00	1346.30	1377	1733	1653.8	633.7	566.6
节能环保产品金额占同类产品比重(%)	82.21	84.60	86.00	81.70	71.50	76.2	92.1	90.1	90	85.7
环保产品政府采购金额(亿元)	739.80	939.60	1434.90	1762.40	1360.00	1360	1711.3	1647.4	718.7	813.5
环保产品金额占同类产品比重(%)	59.59	69.30	82.00	75.30	81.5	77.3	90.8	90.2	88	85.5

资料来源:2011～2014 年《中国政府采购年鉴》,2014～2020 年《全国政府采购简要情况》。

第三章　我国环境质量综合指数测算

第一节　我国环境质量评价指标选取依据

由于环境质量的复杂性，用单一指标或多重指标容易受到主观性的影响，因此选取复合指标对环境质量进行测算。指标选取上，主要从以下两个方面进行考虑。

一、根据国家相关政策文件

为了保证指标选取的合理性及权威性，指标选取需要参考国家发布的规划、意见及指标体系中的各项指标。首先，参考两个国家文件。第一个是《"十三五"生态环境保护规划》，该规划中明确指出"十三五"生态环境保护的相关指标，分为 COD 排放总量减少、氨氮排放总量减少、二氧化硫排放总量减少、氮氧化物排放总量减少等12项约束性指标和地级及以上城市重度及以上污染天数比例下降、近岸海域水质优良（一类、二类）比例、湿地保有量、新增沙化土地治理面积等预期性指标。第二个是《关于加快推进生态文明建设的意见》，文件中明确了生态文明的主要目标，同时也给出了相应的指标，主要有单位国内生产总值二氧化碳排放强度、能源消耗强度、资源产出率、用水总量、万元工业增加值用水量、农田灌溉水有效利用系数、非化石能源占一次能源消费比重、主要污染物排放总量、大气环境质量、重点流域和近岸海域水环境质量、重要江河湖泊水功能区水质达标率、饮用水安全保障水平、土壤环境质量、环境风险、森林覆盖率、草原综合植被覆盖度、湿地面积、可治理沙化土地、自然岸线保有率等。其次，2016 年12 月国家发展改革委、国家统计局、环境保护部和中央组织部根据以上两个权威文件制定了《绿色发展指标体系》和《生态文明建设考核目标体系》。

二、根据节能环保财政支出范围及结构

本书在选取指标时不仅参考以上文件及指标体系，还需充分考虑节能环保财政支出的支出范围及结构。首先，节能环保财政支出范围。"211"节能环保财政支出主要包括 14 项款级支出，即环境保护管理事务支出、环境监测与监察支出、污染防治支出、自然生态保护支出、天然林保护工程支出、退耕还林还草支出、风沙荒漠治理支出、退牧还草支出、已垦草原退耕还草支出、能源节约利用支出、污染减排支出、可再生能源支出、循环经济支出和能源管理事务支出。除了环境监测和监察、环境宣传和管理等基础性工作支出外，可以根据支出种类将节能环保财政支出范围分为三大类，第一类为污染治理支出，如污染防治支出、污染减排支出和资源综合利用支出；第二类为能源节约支出，如能源节约利用支出、可再生能源支出和循环经济支出；第三类为生态保护支出，如自然生态保护支出、天然林保护工程支出、退耕还林还草支出、风沙荒漠治理支出、退牧还草支出、已垦草原退耕还草支出和江河湖库流域治理与保护支出。因此，本书根据节能环保支出范围分类，将环境质量评价指标体系分为污染治理、能源节约和生态保护三个部分。其次，从上一章节能环保财政支出现状可以得出，污染防治支出、能源节约利用支出和退耕还林还草支出这三项支出规模较大，因此环境质量指标应与这三类支出密切相关且具有代表性。污染防治支出主要体现政府在治理大气、水体、固废、放射性物质及噪声等方面的支出；能源节约利用支出主要反映能源节约利用方面的支出；退耕还林还草支出主要反映专项用于退耕还林还草工程的各项补助支出。数据选取 2007～2015 年我国 30 个省、自治区和直辖市连续的省级数据。构建环境质量评价指标体系如表 3－1 所示。

表 3－1   环境质量评价指标体系

一级指标	序号	二级指标	单位	参考	原始数据来源
污染治理	1	工业化学需氧量排放总量	万吨	a、b、c、d	中国环境统计年鉴
	2	工业二氧化硫排放总量	万吨	a、b、c、d	中国环境统计年鉴
	3	工业氨氮排放总量	万吨	a、b、c、d	中国环境统计年鉴

续表

一级指标	序号	二级指标	单位	参考	原始数据来源
污染治理	4	生活垃圾无害化处理率	%	a、b、c	中国统计年鉴
	5	一般工业固体废物综合利用率	%	c	中国统计年鉴
	6	污水集中处理率	%	a、b、c	中国环境统计年鉴
能源节约	7	能源消费总量	万吨标准煤	a、b、c、d	中国能源统计年鉴
	8	单位 GDP 能源消耗	万吨标准煤	a、b、c、d	中国能源统计年鉴
	9	单位 GDP 二氧化碳排放	万吨标准煤	a、b、c、d	中国能源统计年鉴
生态保护	10	森林覆盖率	%	a、b、c、d	中国统计年鉴
	11	森林蓄积量	亿立方米	a、c、d	中国统计年鉴
	12	新增水土流失治理面积	万公顷	a、c	中国环境统计年鉴

注：a 为《"十三五"生态环境保护规划》，b 为《中共中央、国务院关于加快推进生态文明建设的意见》，c 为《绿色发展指标体系》，d 为《生态文明建设考核目标体系》。

如表 3 - 1 所示，选取指标均来源于国家发布的规划、意见及指标体系。共分为 3 个一级指标和 12 个二级指标，其中污染治理指标下有工业化学需氧量排放总量、工业二氧化硫排放总量、工业氨氮排放总量、生活垃圾无害化处理率、一般工业固体废物综合利用率和污水处理率共 6 个二级指标；能源节约指标下有能源消费总量、单位 GDP 能源消耗和单位 GDP 二氧化碳排放共 3 个二级指标；生态保护指标下有森林覆盖率、森林蓄积量和新增水土流失治理面积 3 个二级指标。其中工业化学需氧量排放总量、工业二氧化硫排放总量、工业氨氮排放总量这 3 个指标均选用工业污染源数据，是因为 2011 年化学需氧量排放总量和氨氮排放总量的统计口径发生变化，包括工业污染源、城镇生活污染源、农业污染源、集中式污染源的排放量总和，而 2011 年之前的污染物排放总量仅包括工业污染源、城镇生活污染源的排放量。因此为了保证前后数据的一致性，3 个污染物均选取工业污染源数据。

第二节　我国环境质量评价指标说明

一、直接获取指标数据来源

工业化学需氧量排放总量、工业二氧化硫排放总量、工业氨氮排放总量、生活垃圾无害化处理率、污水集中处理率、能源消费总量、森林覆盖率、森林蓄积量、新增水土流失治理面积这 9 个指标数据分别从《中国环境统计年鉴》《中国统计年鉴》《中国能源统计年鉴》中直接获取。

二、间接获取指标计算方法

一般工业固体废物综合利用率、单位 GDP 能源消耗和单位 GDP 二氧化碳排放共 3 个指标数据需经过计算间接获取。

（一）一般工业固体废物综合利用率

计算公式如下：

$$\text{一般工业固体废物综合利用率}_{it} = \frac{\text{一般工业固体废物综合利用量}_{it}}{\text{一般工业固体废物产生量}_{it}}$$

$$(3-1)$$

（二）单位 GDP 能源消耗

$$\text{单位 } GDP \text{ 能源消耗}_{it} = \frac{\text{能源消费总量}_{it}}{\text{地区生产总值}_{it}}$$

$$(3-2)$$

（三）单位 GDP 二氧化碳排放量

计算单位 GDP 二氧化碳排放量指标，需首先计算出二氧化碳排放量。二氧化碳排放量参考成艾华、雷振扬（2011）[①] 碳排放总量的计算方法，根据各省及地区终端能源消费的 17 种一次能源及热力、电力共 19 种能源碳排放量加总得出。

首先，计算热力排放系数。根据加工转换投入产出中供热使用 17 种一次能源、燃料排放因子、平均低位发热量和热力终端消费量，计算出各地区的热力排放系数。然后，计算电力排放系数。我国将电网划分为华北电网、东北电网、华东电网、华中电网、南方电网、西北电网和海南电网，并根据加

---

① 成艾华，雷振扬. 民族地区碳排放效应分析与低碳经济发展 [J]. 民族研究，2011（06）：14-20，108.

工转换投入产出中火力发电使用 17 种一次能源、燃料排放因子、平均低位发热量和电力终端消费量，计算出各电网的电力排放系数。最后，将热力排放系数和电力排放系数带入到六大行业（①农、林、牧、渔业；②工业；③建筑业；④交通运输、仓储和邮政业；⑤批发、零售业和住宿、餐饮业；⑥生活消费）的碳排放计算中，分别计算出热力和电力的碳排放量，并根据六大行业 17 种一次能源和与其相对应的燃料排放因子、平均低位发热量，计算出各省各行业 17 种一次能源的碳排放量，将 17 种一次能源和热力、电力共 19 种能源碳排放量加总得到各省的碳排放总量。碳排放总量的 2.4567 倍即为二氧化碳排放量。平均低位发热量来源于《中国能源统计年鉴 2010》，燃料排放因子来源于《IPCC 国家温室气体清单指南》，各能源终端消费量数据全部来源于《中国能源统计年鉴》。

设 PCO_2 为单位二氧化碳排放指标，GDP 为地区生产总值，PCO_{2it} 为第 i 个省第 t 年的单位 GDP 二氧化碳排放指标，CO_{2it} 为第 i 个省第 t 年的二氧化碳排放指标，GDP_{it} 为第 i 个省第 t 年的地区生产总值指标，计算公式如下：

$$PCO_{2it} = CO_{2it}/GDP_{it} \qquad (3-3)$$

第三节　各指标权重计算

指标权重的计算方法主要分为主观赋权法和客观赋权法。主观赋权法，如德尔菲法也叫专家打分法，主观赋权法通常依赖主观判断，根据评价者对不同指标的重视程度进行赋权。客观赋权法，主要有主成分分析法、变异系数法、熵权法等，依赖于数据本身，根据数据本身特点计算出权重。但主观赋权法依赖于评分者的经验，有较大的随意性；客观赋权法依赖于足够的样本数据，且不能反映指标的重要程度，因此本书采用主客观相结合的办法，综合两种办法的优点，并可以弥补相互之间的缺点，既能体现指标数据的自身特点，又反映指标的重要程度，两种赋权办法在最后权重的确定中各占50%。本书数据均来源于 2007～2016 年《中国环境统计年鉴》《中国统计年鉴》《中国能源统计年鉴》，选取 2007～2015 年共 9 年的我国 30 个省份（西藏除外）的省级数据。对于有些无法直接从统计年鉴得到的数据，本书通过计算得到；对于有些原始数据缺失值，采用均值法进行处理。

一、主观赋权法——按重要程度赋权

主观赋权主要通过指标的重要程度进行赋权，参考指标在前文所述的两个国家文件和两个指标体系中出现的频率进行赋权，指标权数之比为4∶3∶2∶1进行计算，因此，工业化学需氧量排放总量、工业二氧化硫排放总量、工业氨氮排放总量、能源消费总量、单位 GDP 能源消耗、单位 GDP 二氧化碳排放量和森林覆盖率这 7 个指标均在《"十三五"生态环境保护规划》《关于加快推进生态文明建设的意见》《绿色发展指标体系》《生态文明建设考核目标体系》这 4 个文件里面都出现，其权重为 10%；生活垃圾无害化处理率、污水集中处理率、森林蓄积量这 3 个指标在其中 3 个文件中出现，其权重为 7.5%；新增水土流失治理面积在 2 个文件中出现，其权重为5%；一般工业固体废物综合利用率仅在 1 个文件中出现，其权重为 2.5%。

二、客观赋权法——改进的熵权法

客观赋权法如变异系数法、普通熵权法等仅能对截面数据进行赋权，无法对面板数据进行赋权。另外，熵权法是通过信息熵原理来确定权重，能够客观准确地评价研究对象。因此本书参考杨丽和孙之淳（2015）的方法对熵权法做了改进，加入了时间变量，使其对面板数据赋权更加合理。

第一步，对目标数据进行标准化处理。由于不同的指标有不同的量纲，因此需要标准化处理，使不同单位或量纲的数据指标可以进行比较和加权。标准化处理方法最典型的是归一化处理，将所有的数据统一映射到 [0, 1] 区间上。选取的指标中的正向指标和逆向指标分别进行标准化处理，在此仅能源消费总量指标为逆向指标。设有 M 个省，T 年，N 个指标，M、N 和 T 在本章分别为 30、9 和 12，X_{mnt} 为第 m 个省第 t 年第 n 个指标值。正项指标标准化方式为标准化值等于实际值除以目标参考值，目标参考值选取样本最大值，即 $X'_{mnt} = X_{mnt}/X_{max}$；逆向指标标准化方式为标准化值等于目标参考值除以实际值，目标参考值选取样本最小值，$X'_{mnt} = X_{min}/X_{mnt}$。

第二步，求各指标的信息熵。首先，计算标准化值占比。标准化值占比是指某年某省的标准化值占这个指标 9 年 30 个省的标准化值总和的比例，即

$P_{mnt} = X'_{mnt} / \sum\limits_{m=1}^{30} \sum\limits_{t=2007}^{2015} X'_{mnt}$。然后，计算分指标的熵值。

第三步，求各指标权重（赋权结果见表 3-2）。$W_n = (1 - E_n) / \sum\limits_{n=1}^{12} (1 - E_n)$。

表 3-2   各指标赋权情况   单位:%

一级指标	二级指标	主观赋权	客观赋权	综合
污染治理	工业化学需氧量排放总量	10.00	18.30	14.15
	工业二氧化硫排放总量	10.00	19.75	14.88
	工业氨氮排放总量	10.00	18.82	14.41
	生活垃圾无害化处理率	7.50	0.75	4.13
	一般工业固体废物综合利用率	2.50	0.91	1.70
	污水集中处理率	7.50	0.42	3.96
能源节约	能源消费总量	10.00	8.12	9.06
	单位 GDP 能源消耗	10.00	2.00	6.00
	单位 GDP 二氧化碳排放量	10.00	2.09	6.04
生态保护	森林覆盖率	10.00	4.37	7.19
	森林蓄积量	7.50	15.40	11.45
	新增水土流失治理面积	5.00	9.07	7.04

第四步，根据各指标权重，计算出 2007 ~ 2015 年 9 年 30 个省份的环境质量综合指数，结果见表 3-3。

表 3-3   2007 ~ 2015 年我国环境质量综合指数测算结果

地区	2007 年	2008 年	2009 年	2010 年	2011 年	2012 年	2013 年	2014 年	2015 年
北京	0.40	0.49	0.50	0.52	0.48	0.52	0.55	0.58	0.69
天津	0.20	0.22	0.23	0.23	0.23	0.24	0.24	0.24	0.24
河北	0.14	0.15	0.16	0.16	0.17	0.17	0.18	0.19	0.20
山西	0.15	0.14	0.15	0.17	0.17	0.18	0.18	0.19	0.20
内蒙古	0.25	0.26	0.27	0.28	0.28	0.27	0.30	0.30	0.30
辽宁	0.16	0.17	0.18	0.19	0.20	0.22	0.23	0.23	0.23
吉林	0.22	0.22	0.24	0.25	0.25	0.25	0.28	0.29	0.30
黑龙江	0.26	0.26	0.28	0.29	0.29	0.30	0.32	0.32	0.33
上海	0.21	0.22	0.24	0.24	0.23	0.25	0.27	0.29	0.31

续表

地区	2007 年	2008 年	2009 年	2010 年	2011 年	2012 年	2013 年	2014 年	2015 年
江苏	0.18	0.18	0.18	0.19	0.20	0.20	0.21	0.22	0.22
浙江	0.23	0.24	0.25	0.26	0.26	0.26	0.27	0.28	0.28
安徽	0.17	0.18	0.19	0.20	0.22	0.22	0.24	0.24	0.25
福建	0.28	0.27	0.29	0.29	0.29	0.31	0.32	0.33	0.34
江西	0.25	0.26	0.28	0.29	0.31	0.32	0.32	0.33
山东	0.16	0.16	0.18	0.18	0.19	0.19	0.21	0.21	0.21
河南	0.15	0.17	0.18	0.19	0.19	0.19	0.21	0.22	0.22
湖北	0.16	0.17	0.20	0.21	0.20	0.20	0.26	0.26	0.26
湖南	0.17	0.18	0.21	0.22	0.22	0.24	0.25	0.27	0.28
广东	0.22	0.22	0.24	0.25	0.25	0.25	0.27	0.28	0.30
广西	0.21	0.22	0.25	0.25	0.26	0.27	0.28	0.29	0.30
海南	0.54	0.56	0.55	0.54	0.48	0.47	0.47	0.47	0.53
重庆	0.19	0.21	0.23	0.23	0.25	0.25	0.26	0.28	0.28
四川	0.27	0.28	0.30	0.31	0.31	0.32	0.35	0.35	0.36
贵州	0.20	0.23	0.27	0.29	0.21	0.23	0.24	0.25	0.26
云南	0.30	0.31	0.34	0.35	0.34	0.34	0.36	0.37	0.37
陕西	0.24	0.26	0.27	0.28	0.29	0.29	0.31	0.31	0.31
甘肃	0.15	0.15	0.16	0.17	0.16	0.16	0.17	0.19	0.19
青海	0.20	0.19	0.19	0.18	0.20	0.19	0.19	0.20	0.19
宁夏	0.15	0.15	0.14	0.17	0.15	0.16	0.17	0.17	0.17
新疆	0.13	0.15	0.15	0.15	0.15	0.16	0.15	0.15	0.15

第四节　我国环境质量综合指数结果分析

一、我国环境质量综合指数整体呈上升趋势

总体来看，2007～2015 年，我国环境质量综合指数呈现先上升，后小幅度下滑，之后又上升的趋势。平均值从 2007～2010 年分别为 0.2176、0.2290、0.2437、0.2511，呈现稳步上升的趋势，而 2011 年的环境质量综合指数平均值首次小幅度下降，下降到 0.2470，2012 年开始环境质量综合指数平均

值又稳步上升，到 2015 年环境质量综合指数平均值上升到 0.2860（见图 3 - 1）。
从以上分析可以看出，我国环境质量综合指数基本呈稳定上升趋势。2007 ~
2010 年我国环境质量综合指数平均值稳步上升，不仅是因为 2008 年北京奥
运会倡导"绿色奥运"，全国各地都加大环境监督和环境宣传教育，还因为
从 2007 年开始将环保财政支出列入预算，各地对环境保护更加重视。然而
2009 年开始环境质量综合指数平均值增速放缓，可能是因为受到 2008 年金
融危机的影响，中国经济快速回落，为了应对这种危机，中国投入 4 万亿元
拉动中国经济，资金主要用于基础设施建设，而在生态环境建设方面投入较
少，且地方政府将重点放在经济建设上而挤占了环保资金，因此我国环境质
量综合指数的平均值在 2011 年出现了小幅度的下降。之后，2012 年党的十
八大及随后多次全会的公报中都明确强调绿色发展与生态文明建设，十八届
五中全会上提出包括"绿色"在内的五大发展理念，均将绿色放在了重要地
位。因此，从 2012 年起我国环境质量综合指数较为稳定，也体现了我国对环
境问题的重视程度不断提高。

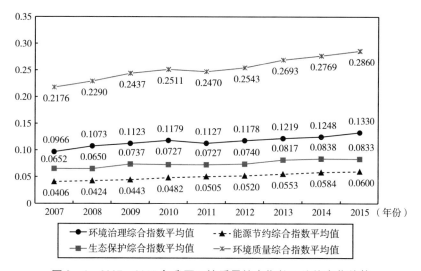

图 3 - 1　2007 ~ 2015 年我国环境质量综合指数平均值变化趋势

　　从我国环境质量综合指数内部平均值可以看出，我国污染治理综合指数
的平均值呈现波动中上升的趋势，与环境治理综合指数平均值的波动和趋势
基本一致。从 2007 年的 0.0966 上升到 2010 年的 0.1179 后，2011 年小幅度
下降到 0.1127，从 2012 年开始又稳步上升。我国能源节约综合指数平均值
呈现稳步上升的趋势，说明虽然我国对能源节约方面比较重视，相继出台或

完善了《电力法》《煤炭法》《电力监管条例》等一系列与能源相关的法律法规。然而近几年我国能源节约的效果变得越来越弱；我国生态保护综合指数的平均值从 2007~2015 年一直都是稳步上升趋势，但上升速度较慢，说明我国在生态保护方面做得较好，但想要大幅提升生态环境质量需要一个长期的过程。综上，我国环境质量综合指数和其内部各指数均呈现上升的趋势。

二、各省环境质量综合指数排名情况相对稳定

如表 3-4 所示，从 2007 年和 2015 年的综合指数排名情况可以看出，绝大部分省的环境质量综合指数得到了提升，仅海南和青海 2 个省份的综合指数略微下降。从 2007 年和 2015 年排名情况对比来看，内蒙古、浙江、青海、天津和江苏均大幅下降（排名下降幅度大于 3），其中青海的排名下降幅度最大，从 2007 年的第 15 名下降到 2015 年的第 28 名；上海、重庆、湖南、湖北、山西和河北这 6 个省份的排名大幅度上升（排名上升幅度大于 3）。海南、北京、云南、福建、四川和黑龙江稳居前 6 名，而新疆的排名一直处于最后一名，可以看出我国各省份环境质量综合指数排名情况较为稳定，说明我国环境质量综合指数的波动并不是由于其中个别省份的波动而波动，而是与我国整体运行情况有关。

表 3-4 　　　　2007 年和 2015 年各省环境质量综合指数排名情况

排名	地区	2007 年	地区	2015 年
1	海南	0.5391	北京	0.6868
2	北京	0.3985	海南	0.5297
3	云南	0.3018	云南	0.3698
4	福建	0.2760	四川	0.3575
5	四川	0.2723	福建	0.3375
6	黑龙江	0.2571	黑龙江	0.3281
7	内蒙古	0.2523	江西	0.3263
8	江西	0.2459	陕西	0.3093
9	陕西	0.2356	上海	0.3074
10	浙江	0.2301	内蒙古	0.3030
11	吉林	0.2188	吉林	0.3025
12	广东	0.2187	广西	0.2990

续表

排名	地区	2007 年	地区	2015 年
13	上海	0.2103	广东	0.2955
14	广西	0.2080	浙江	0.2799
15	青海	0.2033	重庆	0.2789
16	天津	0.2022	湖南	0.2765
17	贵州	0.2004	湖北	0.2613
18	重庆	0.1909	贵州	0.2559
19	江苏	0.1750	安徽	0.2474
20	湖南	0.1748	天津	0.2448
21	安徽	0.1700	辽宁	0.2286
22	辽宁	0.1638	江苏	0.2199
23	湖北	0.1622	河南	0.2197
24	山东	0.1619	山东	0.2102
25	河南	0.1489	山西	0.1962
26	甘肃	0.1483	河北	0.1958
27	宁夏	0.1469	甘肃	0.1937
28	山西	0.1453	青海	0.1930
29	河北	0.1353	宁夏	0.1725
30	新疆	0.1335	新疆	0.1538

三、东、中、西部地区各类指数特征明显

分别从 2015 年污染治理、能源节约和生态保护综合指数的排名情况（见表 3-5）可以看出各省的 3 个综合指数排名差别较大，污染治理综合指数排名前 10 名中、东部省份占了一半且前 4 名均为东部省份，排名前 15 名中东部省份占了 8 席，即有 73% 的东部省份排名靠前，排名后 15 名中中部省份占 7 席，即有 63.64% 的中部省份排名靠后，中部和西部省份排名分布较为均衡；能源节约综合指数排名前 10 名中东部省份占了 7 席，中部和西部省份分别仅有 2 个和 1 个省跻身前十，排名后 10 名中有 6 个为西部地区省份，排名后 15 位中有 9 个为西部地区省份，即有 81.82% 的西部省份排名靠后；生态保护综合指数排名前 5 名中西部省份占 4 席，排名后 10 名中东部省份占一

半，中部地区分别较为均匀。综上，东部地区在污染治理和能源节约方面做得相对较好，但生态保护方面有所欠缺；西部地区和东部地区正好相反，在生态保护方面做得相对较好，但在污染治理和能源节约方面有所欠缺；中部地区排名较为均衡，无明显空间分布特征。

表3－5 　　　2015年污染治理、能源节约和生态保护综合指数排名

排名	地区	污染治理	地区	能源节约	地区	生态保护
1	北京	0.5101	北京	0.1186	云南	0.2044
2	海南	0.3427	广东	0.1021	四川	0.1882
3	上海	0.1831	江西	0.0957	黑龙江	0.1723
4	天津	0.1493	江苏	0.0853	内蒙古	0.1655
5	青海	0.1354	上海	0.0850	陕西	0.1403
6	重庆	0.1283	浙江	0.0810	福建	0.1296
7	福建	0.1206	福建	0.0795	吉林	0.1191
8	安徽	0.1182	湖南	0.0761	江西	0.1163
9	贵州	0.1179	天津	0.0727	广西	0.1141
10	吉林	0.1140	重庆	0.0716	湖南	0.0900
11	宁夏	0.1122	海南	0.0696	广东	0.0875
12	浙江	0.1093	湖北	0.0681	贵州	0.0867
13	山东	0.1091	广西	0.0671	浙江	0.0847
14	广西	0.1080	安徽	0.0648	湖北	0.0838
15	江苏	0.1065	河南	0.0626	辽宁	0.0762
16	山西	0.1063	四川	0.0606	重庆	0.0683
17	云南	0.1058	吉林	0.0576	海南	0.0680
18	陕西	0.1052	山东	0.0575	山西	0.0604
19	湖南	0.1042	陕西	0.0556	甘肃	0.0585
20	四川	0.1038	云南	0.0504	河北	0.0568
21	湖北	0.1036	辽宁	0.0470	安徽	0.0566
22	河南	0.1035	黑龙江	0.0456	河南	0.0494
23	江西	0.1029	贵州	0.0417	北京	0.0441
24	广东	0.1028	河北	0.0339	山东	0.0411
25	黑龙江	0.1024	内蒙古	0.0322	新疆	0.0351
26	河北	0.1018	甘肃	0.0317	上海	0.0309
27	辽宁	0.1010	山西	0.0245	江苏	0.0249
28	内蒙古	0.1003	新疆	0.0226	宁夏	0.0234
29	甘肃	0.0908	青海	0.0217	青海	0.0127
30	新疆	0.0899	宁夏	0.0191	天津	0.0113

为了进一步分析从东、中、西部地区各类指数特征，将我国东、中、西部地区历年环境质量、污染治理、能源节约和生态保护综合指数平均值变化情况在图中表示出来（见图 3 - 2 ~ 图 3 - 5）。与前文分析一致，东、中、西部地区各类指数特征明显。第一，从环境质量综合指数来看，东部地区环境质量综合指数历年来都高于其他两个地区，其次是西部地区，中部地区的环境质量综合指数一直处于相对较低的水平。第二，从污染治理综合指数来看，其地域分布特点与环境质量综合指数的分布特点一致。第三，从能源节约综合指数来看，依然是东部地区的能源节约综合指数历年来都高于其他两个地区，但中、西部地区的能源节约综合指数平均值基本一致。2012 年之前西部地区的能源节约综合指数略高于中部地区，2013 年中部地区能源节约综合指数首次高于西部地区，且之后一直高于西部地区。第四，从生态保护综合指数来看，东部地区的生态保护综合指数历年来都低于其他两个地区，而西部地区的生态保护综合指数历年来都高于其他两个地区。由此说明东部地区整体的环境质量最好，在污染治理和能源节约方面也做得最好，但在生态保护上做得最差；西部地区整体的环境质量其次，在生态保护上做得最好，在污染治理和能源节约方面做得一般；中部地区整体的环境质量最差，在污染治理方面也做得最差，在能源节约和生态保护方面做得一般。呈现出这种地域特征可能是因为东部地区经济发展较好，工业化水平和污染排放水平就较高，

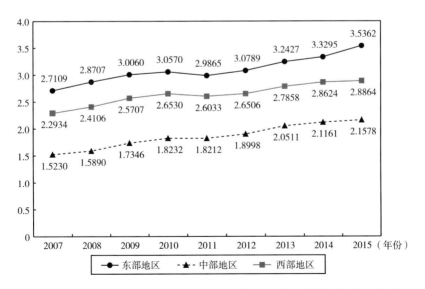

图 3 - 2　2007 ~ 2015 年东、中、西部地区环境质量综合指数平均值变化情况

因此污染治理和能源节约一直为东部地区环境治理的重中之重，并且有足够的资金投入到环境治理中去，而中、西部地区经济发展相对落后，地方政府为了经济增长而牺牲环境，导致其污染治理和能源节约效果不佳。

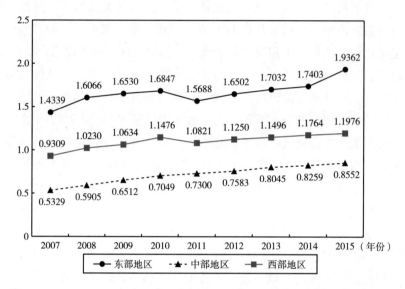

图 3-3 2007~2015 年东、中、西部地区污染治理综合指数平均值变化情况

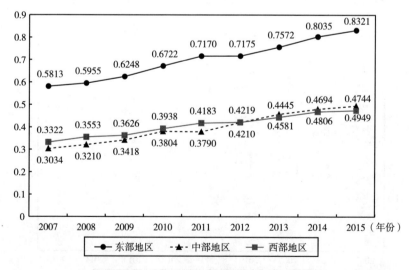

图 3-4 2007~2015 年东、中、西部地区能源节约综合指数平均值变化情况

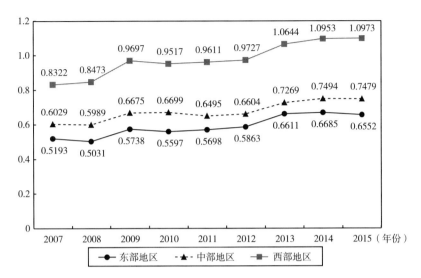

图 3 – 5　2007～2015 年东、中、西部地区生态保护综合指数平均值变化情况

第四章 我国环保财政支出政策环境
效应的实证分析

第一节 节能环保财政预算支出政策环境效应的实证分析

一、模型设定——静态与动态回归相结合

本节首先使用静态面板回归对环保财政支出政策的环境效应进行分析，又由于环境质量可能具有惯性，即当前的环境质量会受到以前的环境质量的影响，所以进一步在模型中加入滞后项，运用动态面板回归模型——系统广义矩估计对其做进一步的分析，并对两种方法的回归结果进行对比。

（一）静态面板模型设定

面板回归分析首先需要确定运用哪种模型进行估计更为合适，面板回归模型主要分为三种，模型设定分别为：

混合效应：

$$y_{it} = \alpha + X'_{it}\beta + Z'_{it}\delta + \varepsilon_{it} \qquad (4-1)$$

固定效应：

$$y_{it} = \alpha_i + X'_{it}\beta + Z'_{it}\delta + \varepsilon_{it} \qquad (4-2)$$

随机效应：

$$y_{it} = \alpha + X'_{it}\beta + Z'_{it}\delta + \varepsilon_{it} + \mu_{it} \qquad (4-3)$$

模型中 y_{it} 表示 i 省（市、自治区）在 t 年的环境质量向量，包括环境质量综合指数和其包含的污染治理、能源节约、生态保护综合指数；α_i 表示随

着省（市、自治区）个体变化，但未观测到的因素对解释变量的影响；X_{it} 为解释变量，表示 i 省（市、自治区）在 t 年的节能环保财政支出，β 为解释变量 X_{it} 的系数；Z_{it} 表示与环境质量相关的控制变量；ε_{it} 为扰动项，μ_{it} 为误差项，其均值为零且与 X_{it} 不相关。

其中混合效应模型表示模型在横截面上无个体影响，因此可以把所有数据归聚起来，像处理横截面数据那样进行 OLS 回归。通常这种假设在现实中很难成立，因此应用较少，通过 F 检验即可确认是否为混合效应模型。F 检验统计量为：

$$F = \frac{(SSE_r - SSE_u)/(N-1)}{SSE_u/(NT-N-K)} \sim F(N-1, NT-N-K) \qquad (4-4)$$

其中，SSE_r、SSE_u 分别为混合效应模型和固定效应模型的残差平方和。

固定效应模型假设存在个体效应，且被解释变量对解释变量的影响与个体有关。随机效应模型假设存在个体效应，且被解释变量对解释变量的影响与个体无关。固定效应模型中将未观测到的个体影响包含在解释变量中，与之相反，随机效应模型的解释变量中并不包含未观测到的个体影响。选择固定效应模型还是随机效应模型通常使用 Hausman 检验进行确认。Hausman 检验形式如下：

$$H = (\beta_{RE} - \beta_{FE})' \left[\mathrm{Var}(\beta_{RE} - \beta_{FE}) \right]^{-1}, (\beta_{RE} - \beta_{FE}) \sim \chi^2(k) \qquad (4-5)$$

其中，β_{RE}、β_{FE} 分别为随机效应模型和固定效应模型的估计系数；矩阵 $\mathrm{Var}(\beta_{RE} - \beta_{FE})$ 为向量 $(\beta_{RE} - \beta_{FE})$ 的协方差矩阵。Hausman 统计值服从 $\chi^2(k)$ 分布，k 为解释变量个数。原假设为随机效应模型，如果统计值的显著性小于给定水平，则拒绝原假设，选择固定效应模型。

（二）动态面板模型设定——系统广义矩估计

系统广义矩估计也称为系统 GMM 估计，是将差分 GMM 和水平 GMM 结合在一起作为一个方程进行的 GMM 估计，比差分 GMM 估计效率更高，并且可以估计不随时间变化的工具变量的系数。其模型设定如下：

$$y_{it} = \alpha + \rho y_{i,t-1} + X_{it}'\beta + V_{it}'\theta + \varepsilon_{it} + \mu_{it} \qquad (4-6)$$

其中，y_{it}、α、X_{it}'、β、μ_{it}、ε_{it} 与静态面板模型中表示的含义一致，另外加入了环境质量的一阶滞后 $y_{i,t-1}$，ρ_1 为环境质量的一阶滞后对当期环境质量的影响；V_{it}为工具变量，θ为工具变量V_{it}的系数。为了检验水平方程残差项不存在序列相关，若差分转换方程的残差存在一阶序列相关，但没有二阶序列相关则可推断水平方程残差项不存在序列相关，此外通过检验过度识别约束，即根据 Sargan 值判断所有工具变量是否整体外生。

二、变量选择与数据说明

（一）被解释变量

被解释变量为环境质量，运用环境质量综合指数（E）来衡量我国环境质量，同时环境质量主要分为污染治理、能源节约和生态保护 3 个部分，因此将这 3 个部分也分别作为被解释变量进行回归分析，分别运用污染治理综合指数（$wrzl$）、能源节约综合指数（$nyjy$）和生态保护综合指数（$stbh$）来衡量。

（二）解释变量

解释变量为预算内节能环保财政支出（$Fexp$），选取我国 30 个省（自治区、市）2007～2015 年预算内节能环保财政支出（2011 年之前称为环境保护财政支出）作为解释变量，经过平减（以 2007 年为基期）后的节能环保的实际支出来衡量。由于节能环保财政支出的增加对环境质量的提升有促进作用，因此估计节能环保财政支出的系数大于零。

（三）控制变量

还有一些因素也会影响环境质量，这些因素称为控制变量。主要选取环境分权（ED）、环保事权与支出责任匹配度（M）、工业化程度（ind）、对外开放程度（$open$）和城镇化率（UR）共 5 个指标。

1. 环境分权指标（ED）

参考祁毓、卢洪友等（2014），认为政府环保事务在不同级次政府的划分可以运用不同级次环保系统人员数来体现，是因为政府公共服务和职能体现的载体是机构和人员编制，且机构和人员规模相对稳定，因此用不同级次环保系统人员规模分布特征来表示环境分权度指标。环境分权度的计算公式如下：

$$ED_{it} = \frac{LEPP_{it}/POP_{it}}{NEPP_t/POP_t} \times (1 - GDP_{it}/GDP_t) \qquad (4-7)$$

其中，$LEPP_{it}$ 表示第 i 省（自治区、市）第 t 年环保系统人员；$LEPP_{it}$ 表示第 t 年全国（含中央和地方）环保系统人员；POP_{it} 表示第 i 省（自治区、市）第 t 年人口规模；POP_t 表示第 t 年全国总人口规模；GDP_{it} 表示 i 省（自治区、市）第 t 年地区生产总值；GDP_t 表示第 t 年全国地区生产总值。

2. 环保事权与支出责任匹配度（M）

不同级次环保机构人员分布情况体现了政府环保事务在不同级次政府的划分情况，不同级次地方节能环保财政支出情况体现了不同级次政府环保支出责任划分情况，因此环保事权与支出责任匹配度可以表示为：

$$M = \frac{LEPP_{it}/NEPP_t}{Fexp_{it}/Fexp_t} \qquad (4-8)$$

其中，$LEPP_{it}$ 表示第 i 省（自治区、市）第 t 年环保系统人员；$LEPP_{it}$ 表示第 t 年全国（含中央和地方）环保系统人员；$Fexp_{it}$ 表示第 i 省（自治区、市）第 t 年节能环保财政支出；$Fexp_t$ 表示第 t 年全国节能环保财政支出。

3. 工业化程度（ind）

采用工业增加值占地区生产总值的比重来衡量。

4. 对外开放程度（$open$）

采用各地区进出口贸易总额占地区生产总值的比重来衡量。

5. 城镇化率（UR）

采用城镇人口占年末常住总人口的比重来衡量。

被解释变量、解释变量和控制变量的数据来源见表 4-1。

表 4-1　　　　　　　　　　　各变量的数据来源

序号	分类	变量名称	主要原始数据来源
1	被解释变量	环境治理质量综合指数（E）	《中国环境统计年鉴》《中国统计年鉴》《中国能源统计年鉴》
2		污染治理综合指数（$wrzl$）	
3		能源节约综合指数（$nyjy$）	
4		生态保护综合指数（$stbh$）	
5	解释变量	节能环保财政支出（$Fexp$）	《中国财政年鉴》

续表

序号	分类	变量名称	主要原始数据来源
6	控制变量	环境分权（ED）	《中国环境年鉴》
7		环保事权与支出责任匹配度（M）	《中国环境年鉴》《中国财政年鉴》
8		对外开放程度（open）	《中国统计年鉴》
9		工业化程度（ind）	《中国统计年鉴》
10		城镇化率（UR）	《中国统计年鉴》

为了避免数据的整个值域中的在不同区间的差异带来的影响，并减弱各变量的异方差性，对数据均取对数处理，以上变量的描述性统计结果见表4-2。

表4-2　　　　　　　　　各变量描述性统计特征

变量	均值	标准差	最大值	最小值
E	0.25	0.09	0.69	0.13
wrzl	0.14	0.03	0.25	0.07
nyjy	0.06	0.02	0.16	0.01
stbh	0.10	0.07	0.30	0.01
Fexp	73.55	46.90	263.02	5.32
ED	0.97	0.35	2.27	0.48
M	1.04	0.55	3.36	0.21
GDP	3.33	1.76	8.60	0.79
open	0.28	0.35	1.72	0.03
ind	0.47	0.08	0.59	0.20
UR	0.53	0.14	0.90	0.28

三、实证结果分析

本节重点考察 2007 年节能环保财政支出列为财政预算科目后节能环保财政支出的环境效应，分别进行静态回归和动态回归分析，静态回归作为对照组，与动态回归结果进行对比分析，环保财政支出对环境质量影响的回归结果见表4-3，环保财政支出分别对污染治理、能源节约和生态保护的回归结果见表4-4。

（一）环保财政支出对环境质量影响的实证分析

如表 4 - 3 所示，先对环境质量综合指数进行静态回归分析，使用 F 检验确定不是混合效应模型，再用 Hausman 检验确定是固定效应模型，回归结果见模型（1）。然后进行动态回归分析，解释变量中包含被解释变量的一阶滞后并选取被解释变量的最多 3 个滞后值作为工具变量；同时，环境分权和环保财政支出指标与环境质量之间可能存在双向因果关系，并且方程可能还存在遗漏变量的问题，因此，分别选取环保财政支出和环境分权的一阶滞后为工具变量，模型中加入环境分权、环保事权与支出责任匹配度两个控制变量，回归结果见模型（2），$AR(1)$、$AR(2)$ 和 Sargan 的结果显示选取的工具变量较为合理。模型（3）（4）（5）在模型（2）的基础上依次加入控制变量工业化程度、对外开放程度和城镇化率。

表 4 - 3 　　　　　　　　　环保财政支出对环境质量影响的回归结果

变量	环境质量				
	（1）FE	（2）SYS-GMM	（3）SYS-GMM	（4）SYS-GMM	（5）SYS-GMM
$L1.\ln E$		0. 9347 ***	0. 8424 ***	0. 8075 ***	0. 8121 ***
		(53. 16)	(61. 36)	(38. 27)	(34. 47)
$\ln Fexp$	0. 1912 ***	- 0. 0041	0. 0078	0. 0137	0. 0202 ***
	(8. 06)	(- 0. 67)	(1. 14)	(1. 55)	(2. 28)
$\ln ED$	- 0. 2219 ***	- 0. 1321 ***	- 0. 1536 ***	- 0. 1707 ***	- 0. 1680 ***
	(- 3. 76)	(- 7. 29)	(- 9. 4)	(- 5. 67)	(- 5. 04)
$\ln M$	0. 1878 ***	- 0. 0067	- 0. 0016	0. 0050	0. 0095
	(4. 96)	(- 1. 17)	(- 0. 21)	(0. 45)	(0. 86)
$\ln ind$	- 0. 0352		- 0. 1500 ***	- 0. 1874 ***	- 0. 2024 ***
	(- 0. 55)		(- 5. 2)	(- 4. 85)	(- 5. 57)
$\ln open$	0. 0141			0. 0189 ***	0. 0277 ***
	(0. 67)			(2. 97)	(4. 6)
$\ln UR$	0. 1325				- 0. 0553 **
	(1. 11)				(- 2. 05)
$\_cons$	- 2. 1267 ***	- 0. 0565	- 0. 3540 ***	- 0. 4235 ***	- 0. 4765 ***
	(- 14. 01)	(- 1. 18)	(- 6. 5)	(- 5. 38)	(- 6)

续表

变量	环境质量				
	(1) FE	(2) SYS-GMM	(3) SYS-GMM	(4) SYS-GMM	(5) SYS-GMM
sigma_u	0.3329				
sigma_e	0.0596				
rho	0.9690				
R^2	0.6993				
AR(1)		0.0051	0.0055	0.0052	0.0055
AR(2)		0.2338	0.2999	0.2733	0.2757
Sargan		0.9990	0.9980	0.9979	0.9981

注：系数下方括号内为 t 值；*、**、*** 分别表示在 10%、5% 和 1% 的显著水平，AR、Sargan 中的数分别表示为 prob > z、prob > F（chi2）的值。FE 为固定效应模型、SYS-GMM 为系统广义矩估计模型。

从静态回归模型的回归结果可以看出，节能环保财政支出与环境质量综合指数之间呈正相关关系，且在 1% 的显著性水平下通过检验，说明节能环保财政支出的环境效应为正。由此看来，将节能环保财政支出列入预算有助于提高我国环境质量。环境分权与环境质量综合指数之间呈负相关关系，且在 1% 的显著性水平下通过检验，说明环境分权度越高，环境质量越不好，地方过大的环境管理权将会影响环境质量的提高，环境属于公共产品，具有很强的外部性，而赋予地方过多的环境管理权无益于提高环境质量，因此在环境管理上需要一定程度的集权。

从动态回归模型（2）的结果来看，环境分权对环境质量的影响显著为负，而节能环保财政支出对环境质量的影响变得不显著。另外，滞后一期的环境质量综合指数的系数显著为正，表明基期的环境质量对后期环境质量有显著的促进作用，说明我国环境质量有明显的"路径依赖"现象，过去的环境基础对当期环境质量变化有重要影响。模型（3）加入工业化程度指标后，其他指标的回归结果与模型（2）一致，工业化程度与环境质量综合指数之间的关系显著为负，即工业化程度提高会使环境质量恶化，说明我国目前还处于库兹涅茨倒"U"形曲线的左侧，随着工业化进程的推进导致环境污染增加。模型（4）加入对外开放水平指标后，其他指标的回归结果与模型（3）一致，对外开放水平与环境质量综合指数之间的关系显著为正，我国环境质量的提高可以通过提高对外开放程度来实现，可能是因为对外开放带来了先进的技术有利于环境质量的提高，并且通过促进经济增长改善人们的收入使人们更好地利用资源和改善环境。模型（5）加入了城镇化率指标后，节能环保支出对环境质量综合指标的影响为正，且在1%的显著性水平下通过检验，与静态面板回归结果一致。城镇化率对环境质量的影响显著为负，即随着城镇化率的提高，环境质量将有所下降。

（二）环保财政支出对污染治理、能源节约、生态保护影响的实证分析

为了进一步分析节能环保财政支出的环境效应，将节能环保财政支出对污染治理、能源节约和生态保护的影响分别进行回归分析（见表4-4）。

表4-4　　环保财政支出对污染治理、能源节约、生态保护影响的回归结果

变量	污染治理		能源节约		生态保护			
	(1) FE	(2) SYS-GMM	(3) FE	(4) SYS-GMM	(5) RE	(6) SYS-GMM	(7) SYS-GMM	(8) SYS-GMM
$L1.lny$		0.6934 *** (34.49)		0.9651 *** (59.49)		0.8199 *** (16.22)	0.4659 *** (13.81)	0.4052 *** (7.61)
$L2.lny$							0.3735 *** (7.72)	0.0667 *** (3.23)
$L3.lny$								0.3969 *** (11.53)
$\ln Fexp$	0.2830 *** (8.43)	-0.0124 (-1.24)	0.2590 *** (8.95)	0.0388 *** (3.4)	0.1773 *** (5.14)	0.1064 *** (3.68)	0.0919 *** (-0.64)	0.1473 *** (4.96)
$\ln ED$	-0.4829 *** (-5.78)	-0.0622 * (-1.73)	-0.169 ** (-2.35)	0.0049 (0.24)	-0.0393 (-0.45)	-0.1333 *** (-2.94)	-0.0650 (2.73)	-0.1454 ** (-1.82)
$\ln M$	0.3440 *** (6.41)	-0.0328 ** (-2.46)	0.1911 *** (4.13)	0.0089 (0.96)	0.1701 *** (3.09)	0.1043 *** (2.97)	0.1286 *** (4.78)	0.1106 * (1.96)
$\ln ind$	0.1112 (1.23)	-0.3094 *** (-11.5)	0.1196 (1.53)	0.0085 (0.43)	-0.2652 *** (-2.71)	-0.1840 ** (-2.13)	-0.2102 ** (-2.18)	-0.0366 (-0.5)
$\ln open$	0.0086 (0.29)	0.0165 ** (2.21)	0.0914 *** (3.55)	0.0558 *** (7.29)	-0.0365 (-1.15)	0.0254 * (1.78)	0.0577 ** (1.82)	0.0378 *** (3.02)
$\ln UR$	-0.2250 (-1.34)	0.1019 ** (2.52)	0.5019 *** (3.46)	-0.1622 *** (-3.03)	0.3444 ** (2.01)	-0.3713 * (-4.31)	-0.4272 *** (-3.97)	-0.1614 * (-1.66)

续表

变量	污染治理		能源节约		生态保护			
	(1) FE	(2) SYS-GMM	(3) FE	(4) SYS-GMM	(5) RE	(6) SYS-GMM	(7) SYS-GMM	(8) SYS-GMM
_cons	−3.4685 (−16.14)	−0.7506 *** (−7.2)	−3.5480 *** (−19.16)	−0.2185 ** (−2.26)	−3.6012 *** (−14.16)	−1.2498 *** (−3.75)	−1.0988 *** (−3.05)	−1.0010 *** (−2.91)
sigma_u	0.5589		0.3089		0.6833			
sigma_e	0.0844		0.7272		0.0921			
rho	0.9777		0.9475		0.9822			
R²	0.6113		0.7725		0.6045			
AR(1)		0.0298		0.0005		0.0006	0.0299	0.0060
AR(2)		0.1065		0.2397		0.0586	0.0090	0.3866
Sargan		0.9971		0.9999		1.0000	1.0000	0.9998

注：系数下方括号内为 t 值；*、**、***分别表示在10%、5%和1%的显著水平，AR、Sargan 中的数分别表示为 prob > z、prob > F（chi2）的值。FE 为固定效应模型、SYS - GMM 为系统广义矩估计模型。

第一，节能环保支出对污染治理综合指数的影响不显著，节能环保财政支出科目中"污染防治"所占比重最高，但污染治理的效果不显著，可以从两个方面分析：一方面是因为我国污染持续增加，导致治污减排效果不明显，需要更严格的污染物排放标准，并进行技术创新从源头减少污染。另一方面可能是因为资金投入缺乏有效的监督机制，环境保护设施运转效率抵消，使资金投入的效果不佳；滞后一阶的污染治理综合指数的系数符号显著为正，说明基期的污染治理情况对后期污染治理有显著的促进作用；环境分权对污染治理综合指数的影响显著为负，说明地方过大的环境管理权将不利于污染治理；从环保事权与支出责任匹配度的系数符号显著为负可以得出，匹配度的增加不利于污染治理，结合环境分权指标的系数符号为负可以得出一致的结论，即在环境管理上需要一定程度的集权；工业化程度对污染治理综合指数的影响均显著为负，说明工业化程度的提高会阻碍污染治理；城镇化率对污染治理综合指数的影响显著为正，可能是因为城镇化使人口集中，污染物排放也可以集中治理。

第二，能源节约综合指数的静态回归结果中各指标的系数符号（模型(3)），除工业化程度的系数不显著外，其他指标与环境质量综合指数的静态回归结果中的基本一致。动态回归结果（模型（4））中，除环境分权、事权与支出责任匹配程度、工业化程度的系数不显著外，其他指标的系数符号与环境质量综合指数中的回归结果系数符号也基本一致，说明节能环保财政支出和对外开放水平的提高均可以促进能源节约，而城镇化进程的推进不利于能源的节约，可能是因为城镇化的推进会消耗更多的能源。此外，事权与支出责任匹配度的系数符号显著为正，匹配度越高能源节约效果越好，结合环境分权指标的系数符号为负可以得出，不仅在环境管理上需要一定的集权，在环保支出责任划分上也需要适当集权。

第三，生态保护综合指数的静态回归结果中各指标的系数符号（模型（5））与环境质量综合指数的静态回归结果中的完全一致。动态回归模型（6）（7）中分别加入滞后一阶和滞后二阶的生态保护综合指数，两个模型的 AR（2）均显著，存在二阶自相关，因此在模型中加入滞后三阶的生态保护综合指数，回归结果见模型（8），残差项不存在序列相关，并通过检验过度识别约束。生态保护综合指数的三阶滞后均显著为正，说明过去生态保护做得好，其正向效应可以影响到之后的三期，有十分强的"路径依赖"。其他指标的回归结果的系数符号与环境质量综合指数的回归结果一致。

第二节　国家重点生态功能区转移支付政策环境效应的实证分析

一、基本假设及推论

（一）基本假设

假设 $EE_{i,t-1}$ 为 i 地区 $t-1$ 年国家重点生态功能区转移支付资金投入到生态环境保护中的人均支出；$TR_{i,t-1}$ 为 i 地区 $t-1$ 年的人均国家重点生态功能区转移支付金额；$DEI_{it}=EI_{it}-EI_{i,t-1}$，$EI_{it}$ 为生态环境质量指数，表示 t 年对 $t-1$ 年生态环境状况的考核情况，即为上年的生态环境质量状况，DEI_{it} 为 t 年生态环境质量指数减去 $t-1$ 年生态环境质量指数的差值，即上年（$t-1$ 年）生态环境质量状况相对于前年（$t-2$ 年）生态环境质量状况的变化量，变化值大于零表示生态环境质量状况变好，变化值小于零表示生态环境质量状况变差，变化值等于零表示生态环境质量状况不变；Z_{it} 表示与生态环境质量相关的控制变量；ω 为国家重点生态功能区转移支付资金中投入到生态环境保护的财政支出的比例，且为正；τ 为生态环境保护财政支出的环境效应，表示生态环境保护财政支出与生态环境质量变化值之间的关系，即在其他变量不变的情况下，生态环境财政支出变化一个单位，生态环境质量变化值将变化 τ 个单位；β 为重点生态功能区转移支付政策的环境效应，表示转移支付与生态环境质量变化值之间的关系，即在其他变量不变的情况下，国家重点生态功能区转移支付变化一个单位，生态环境质量变化量将变化 β 个单位。用公式可以表示为：

$$EE_{it} = \omega TR_{it} \qquad\qquad (4-9)$$

$$DEI_{it} = \alpha + \tau EE_{i,t-1} + Z'_{i,t-1}\delta \qquad\qquad (4-10)$$

将式（4-9）代入式（4-10）得出：

$$DEI_{it} = \alpha + \beta TR_{i,t-1} + Z'_{i,t-1}\delta \qquad\qquad (4-11)$$

$$\beta = \tau\omega \qquad\qquad (4-12)$$

可以看出，环境效应 β 的大小与转移支付资金中投入到生态环境保护的财政支出的比例 ω 和生态环境保护财政支出的环境效应 τ 两者有关。由于本书站在政府行为的角度研究国家重点生态功能区转移支付政策的环境效应，则假设生态环境保护财政支出的环境效应 τ 为常数。因此，环境效应 β 与投入到生态环境保护的财政支出的比例 ω 相关，而投入到生态环境保护的财政支出的比例受到政府行为的影响。

（二）提出推论

自 2009 年起，财政部连续颁布了《国家重点生态功能区转移支付（试点）办法》（下称《办法》），在均衡性转移支付项下设立国家重点生态功能区转移支付，到 2017 年国家共颁布了五次转移支付办法，均明确规定了转移支付资金具有"保护生态环境"和"改善民生"的双重政策目标。因此，认为重点生态功能区转移支付是影响当地生态环境质量的重要因素，且转移支付对生态环境质量的提高具有促进作用，即获得转移支付资金越高，环境效应越大，生态环境质量提升得越快。可以得到以下推论：

推论一：国家重点生态功能区转移支付的环境效应 β 为正。

此外，政策对其支付范围、分配方式、计算公式，激励与奖惩方式进行了不断的完善。其中，在历年转移支付办法的计算公式中都没有变化的是"按照标准财政收支缺口并考虑补助系数测算，标准财政收支缺口参照均衡性转移支付测算办法"，因此，财政收支缺口是影响国家重点生态功能区转移支付资金变化的重要因素。另外，财政收支缺口主要是由于分税制后财权上移事权下移，财力和事权不对等，财政收入过少而刚性支出无法削减导致。德尔森和夸斯（Derissen and Quaas）[①] 认为随着消费者收入的增加，会自觉地更加保护环境并增加对生态环境产品的需求。这同样适用于地方政府，县级政府财政收入主要来源于转移支付，且多为已规定资金的用途的专项转移支付，而国家重点生态功能区转移支付为一般性转移支付，没有规定其使用用途，因此当地方财政支出不变时，地方财政收支缺口缩小表示地方财政收入增加，地方政府财政收入增加会使地方政府更加自觉地保护环境，会将国家重点生态功能区转移支付更多地投入到提升生态环境质量中去，即转移支付资金中投入到生态环境保护的财政支出的比例 ω 提高。在 τ 不变的情况下，ω 变大，β 也相应变大；反之若 ω 缩小，β 也会相应地缩小。可以得到以下推论：

推论二：财政收支缺口越大，国家重点生态功能区转移支付的环境效应 β 越小。

国家重点生态功能区转移支付的激励机制为"根据考核评价情况实施奖惩，对考核评价结果优秀的地区给予奖励"。即上年环境质量提高的地区将获得奖励，当年将获得更多的转移支付资金，奖励的目的是激励地区更加注重保护生态环境，因此地方政府受到环境保护的激励会使国家重点生态功能区转移支付资金中投入到生态环境保护的财政支出的比例 ω 提高。在 τ 不变的情况下，ω 变大，β 也相应变大；反之若 ω 缩小，β 也会相应地缩小。可以得到以下推论：

推论三：上年生态环境质量提升越多，当年国家重点生态功能区转移支付的环境效应 β 越大。

《办法》里提出"当年测算转移支付数额少于上年的省，中央财政按上年数额下达"，即地方获得的转移支付资金一定大于上年金额，因此地方对当年将获得的转移支付资金由非预期转移支付和预期转移支付两部分组成。预期转移支付是在年初预算时地方政府已经确定可以获得的金额，等于上年获

[①]　Sandra Derissen，Martin F. Quaas. Combining performance-based and action-based payments to provide environmental goods under uncertainty ［J］. Ecological Economics，2013，85：77－84.

得的转移支付金额；非预期转移支付是在当年预算完成之后才确定的，是无法预知的转移支付，这种在确定时间上的差异使预期转移支付和非预期转移支付并不存在完全的替代性，因此可以考察预期转移支付和非预期转移支付分别对生态环境质量的影响。由于转移支付资金的奖惩情况仅与生态环境质量的考核结果有关，而与另一个政策目标无关，地方政府在做决策时通常先对预期转移支付在"保护生态环境"和"改善民生"两个目标的相关支出项目之间进行分配。假设非预期转移支付中生态环境的财政支出占比为 ω_1，预期转移支付中生态环境的财政支出占比为 ω_2。为了保证下一年获得的转移支付资金能够增加，地方政府将优先考虑保护生态环境所需要的资金，将预期转移支付资金中 ω_2 比例的资金用于提高现有生态环境质量以实现"保护生态环境"的政策目标，$1-\omega_2$ 比例的资金全部投入到"改善民生"；由于在预期转移支付中已充分考虑了"保护生态环境"的政策目标需要的资金，因此地方政府将非预期转移支付也在"保护生态环境"和"改善民生"两个目标的相关支出项目之间进行分配时，会将资金全部投入到"改善民生"，即 $\omega_1 = 0$。因此，预期转移支付用来实现"保护生态环境"的政策目标。可以得到以下推论。

推论四：预期转移支付的环境效应 β_2 十分显著，而非预期转移支付的环境效应 β_1 不显著。

二、模型设定与数据说明

基于以上推论，分别设置 3 个模型进行实证分析，对以上推论进行验证。模型如下：

$$DEI_{it} = \alpha + \rho DEI_{i,t-1} + \beta_1 \ln TR_{i,t-1} + \beta_2 \ln QK_{i,t-1} + \beta_3 \ln TR_{i,t-1} \times \ln QK_{i,t-1}$$
$$+ Z'_{i,t-1}\delta + V'_{i,t-1}\theta + \varepsilon_{it} + \mu_{it} \qquad (4-13)$$

$$DEI_{it} = \alpha + \rho DEI_{i,t-1} + \beta_1 \ln TR_{i,t-1} + \beta_2 \ln TR_{i,t-1} \times DEI_{i,t-1}$$
$$+ Z'_{i,t-1}\delta + V'_{i,t-1}\theta + \varepsilon_{it} + \mu_{it} \qquad (4-14)$$

$$DEI_{it} = \alpha + \rho DEI_{i,t-1} + \beta_1 \ln ZTR_{i,t-1} + \beta_2 \ln YQTR_{i,t-1}$$
$$+ Z'_{i,t-1}\delta + V'_{i,t-1}\theta + \varepsilon_{it} + \mu_{it} \qquad (4-15)$$

其中，$DEI_{i,t-1}$ 为 i 地区 $t-1$ 年生态环境质量指数的变化值，考察前期生态环境保护情况对当期生态环境变化的影响，体现了生态环境保护的长期性；$ZTR_{i,t-1}$ 为 i 地区 $t-1$ 年的人均非预期国家重点生态功能区转移支付金额；

$YQTR_{i,t-1}$ 为 i 地区 $t-1$ 年的人均预期国家重点生态功能区转移支付金额；$QK_{i,t-1}$ 为 i 地区 $t-1$ 年的财政收支缺口，计算方法为标准财政支出减标准财政收入，但湖北省国家重点生态功能区各县的标准财政支出和标准财政收入未对外公开，因此采用预算内财政支出与预算内财政收入的差额来代替；ρ 为生态环境质量指数差值的一阶滞后对当期生态环境质量指数的影响；V_{it} 为工具变量，θ 为工具变量 V_{it} 的系数；ε_{it} 为扰动项，μ_{it} 为误差项，其均值为零且与解释变量不相关。

本书选取的控制变量主要包括：城乡收入差距（TL），由于城乡收入差距的扩大会加剧农村居民的不平心理，导致其可能会通过破坏和污染当地生态环境的做法来增加收入，间接导致生态环境质量的下降。衡量收入不平等有很多指标，主要有基尼系数和泰尔指数两个指标，二者因侧重点不同而各具优势。其中基尼系数对中等收入水平的变化特别敏感，而泰尔指数对于上层和下层收入水平变化很敏感，基于我国城乡收入差距较大的现实情况，且基尼系数较之泰尔指数而言不能很好地反映出城乡人口所占比重情况，从而不能全面地体现出我国的城乡收入差距，因此选取泰尔指数作为衡量城乡收入差距的指标。产业结构（ind），采用各地区第二产业增加值与地区生产总值之比，第二产业的占比上升表示地区的工业发展越多，会带来工业污染使生态环境质量下降。人均地区生产总值（$pGDP$），经济水平与生态环境质量之间的关系已有很多学者做过深入研究，最著名的为"库兹涅茨曲线"。即环境污染与经济水平之间为倒"U"形曲线的关系，经济增长水平较低时，经济增长是以环境污染为代价，随着经济水平的不断提高，经济增长反而对生态环境质量的提高有促进作用，因此，经济水平与生态环境质量之间为"U"形曲线关系，经济水平和生态环境质量增长为向右上方倾斜的线性关系。

由于我国国家重点生态功能区生态环境质量指数 EI 和转移支付数据未对外公开，又由于 2012 年开展国家重点生态功能区县域生态环境质量监测评价与考核工作，因此本书选取 2012～2016 年湖北省国家重点生态功能区共 28 个县（市、区）数据[①]，2012～2016 年生态环境质量指数的变化值 ΔEI 和

---

① 28 个湖北省国家重点生态功能区分别为竹溪县、竹山县、房县、丹江口市、神农架林区、郧西县、十堰市郧阳区、保康县、南漳县、巴东县、兴山县、秭归县、宜昌市夷陵区、长阳土家族自治县、五峰土家族自治县、大悟县、麻城市、红安县、罗田县、英山县、孝昌县、浠水县、利川市、建始县、宣恩县、咸丰县、来凤县、鹤峰县。2017 年以前湖北省有 28 个县（市、区）纳入国家重点生态功能区范围，2017 年新增至 30 个县（市、区）。

2011 ~ 2015 年转移支付数据分别来源于向湖北省环保厅和湖北省财政厅申请的政府信息公开。其他数据均来源于《湖北省统计年鉴》《神农架林区统计年鉴》《县域经济统计年鉴》。

三、实证结果分析

对湖北省国家重点生态功能区 28 个县的面板数据进行系统 GMM 回归，为了避免数据的整个值域中的在不同区间的差异带来的影响，并减弱各变量的异方差性，除生态环境质量指数的变化量外，对模型中选取的其他数据均取对数处理。回归结果见表 4 – 5。

表 4 – 5   国家重点生态功能区转移支付对生态环境质量影响的回归结果

变量	（1）	（2）	（3）	（4）	（5）
DEI（-1）	0.1864 *** (4.85)	0.2367 *** (3.37)	0.1598 *** (3.75)	-1.5236 *** (-3.03)	-1.7061 ** (-2.54)
$\ln TR$	0.2098 *** (2.39)	3.4172 * (1.79)	4.6372 *** (2.58)	0.2137 *** (2.81)	0.5061 ** (2.55)
$\ln QK$	-0.0693 (-0.91)	1.4707 * (1.72)	1.8223 ** (2.34)	-0.1520 *** (-2.03)	-0.1483 (-1.46)
$\ln TR \times \ln QK$		-0.2722 * (-1.74)	-0.3559 ** (-2.52)		
$\ln TR \times DEI$（-1）				0.3111 *** (3.1)	0.3471 *** (2.64)
$\ln tl$			0.3067 (1.59)		0.4275 (1.36)
$\ln ind$			1.3598 *** (2.98)		1.6798 *** (3.16)
$\ln pGDP$			0.1716 (0.71)		-0.1920 (-0.78)
_cons	-0.2167 ** (-0.22)	-18.4311 * (-1.77)	-21.8062 ** (-2.23)	0.7767 (0.83)	1.9779 (2.07)

续表

变量	（1）	（2）	（3）	（4）	（5）
$AR(1)$	0.0273	0.0254	0.035	0.0334	0.0375
$AR(2)$	0.4467	0.4256	0.5414	0.9430	0.6341
$Sargan$	0.4266	0.2883	0.2995	0.1831	0.2002

注：系数下方括号内为 t 值；*、**、*** 分别表示在 10%、5% 和 1% 的显著水平，AR、Sargan 中的数分别表示为 prob > z、prob > F（chi2）的值。

模型（1）为无交叉项、无控制变量的回归结果；模型（2）和模型（4）中分别加入了转移支付与财政收支缺口的交叉项和转移支付与滞后一期的生态环境质量的交叉项；模型（3）和模型（5）是在模型（2）和模型（4）的基础上加入了城乡收入差距、产业结构和人均地区生产总值 3 个控制变量后的回归结果。从模型（1）的结果可以看出，转移支付的回归系数为正且在 5% 的显著性水平下通过检验，表明国家重点生态功能区转移支付对生态环境的提高起到了促进作用，系数为正，推论一得证。滞后一期的生态环境质量指数变化量的系数为正且在 1% 的显著性水平下通过检验，这一方面说明动态回归模型的设定是有意义的，另一方面也说明前一期的生态环境质量变化情况对当期生态环境质量的变化情况起到了促进作用，国家重点生态功能区转移支付需要将生态环境质量变化情况纳入长期考核，实行动态激励机制。财政收支缺口的系数符号为负但不显著。

模型（2）加入了转移支付与财政收支缺口的交叉项后，滞后一期的生态环境质量变化量和人均国家重点生态功能区转移支付的系数符号与模型（1）一致，且均通过显著性检验。模型（3）在模型（2）的基础上加入控制变量后，系数符号与模型（2）一致。从转移支付与财政收支缺口的交叉项来看，交叉项的系数符号显著为负，说明财政收支缺口增大会减弱转移支付的环境效应。当 $QK < e^{-\beta_1/\beta_3}$ 时，转移支付资金的增加会促进生态环境质量的提高；当 $QK > e^{-\beta_1/\beta_3}$ 时，转移支付资金的增加会减缓生态环境质量的提高，即当财政收支缺口小于 455660.22 万元时，增加国家重点生态功能区转移支付对生态环境质量的提升有促进作用。随着财政收支缺口的扩大，增加国家重点生态功能区转移支付对生态环境质量提升的促进作用逐渐减弱，直到当财政收支缺口大于 455660.22 万元时，增加国家重点生态功能区转移支付会减缓生态环境质量的提升。从湖北省重点生态功能区财政收支缺口来看，财政收支缺口均小于 455660.22 万元，因此，虽然增加国家重点生态功能区转移支付可以促进生态环境质量的提高，但随着财政收支缺口的增大将缩小转移支付的环境效应，推论二得证。由此还可以推出，将转移支付资金分配给财政收支缺口小的地区其单位转移支付资金的环境效率更高，但这与重点生态功能区转移支付资金分配方式相矛盾，按照分配方式可以推出将更多的转移支付资金分配给财政收支缺口大的地方，因此这种分配方式是无效率的。此外，财政收支缺口对生态环境质量的影响显著为 $\beta_2 + \beta_3 \ln TR$，由于 β_3 为负数，因此财政收支缺口对生态环境质量的影响随着转移支付的增加而减弱。当 $TR < e^{-\beta_2/\beta_3}$ 时，即转移支付资金小于 167.38 万元时，财政收支缺口增大将促进生态环境质量的提升，当 $TR > e^{-\beta_2/\beta_3}$ 时，即转移支付资金大于 167.38 万元时，财政收支缺口增大不利于生态环境质量的提升。从湖北省重点生态功能区转移支付来看，转移支付资金均大于 167.38 万元，因此财政收支缺口增加不利于生态环境质量的提升。

模型（4）加入了转移支付与滞后一期的生态环境质量变化量的交叉项后，转移支付的系数符号也显著为正，交叉项的系数符号也显著为正，但滞后一期的生态环境质量变化量的系数符号与模型（1）相反，是因为模型（1）和模型（4）中变量回归系数的含义发生了改变，模型（1）中滞后一期的生态环境质量变化量的偏导数就是滞后一期的生态环境质量变化量的系数，而模型（4）中滞后一期的生态环境质量变化量的偏导数是滞后一期的生态环境质量变化量的系数和交叉项的综合系数，因此两者不具有可比性。模型（5）在模型（4）的基础上加入控制变量后，各变量的符号均未发生改变，从交叉项的系数符号为正可以得出上期生态环境质量变化量可以促进当期转移支付的环境效应，即上年生态环境质量提升越多，当年国家重点生态功能区转移支付的环境效应越大，推论三得证。当 $DEI(-1) > -\beta_1/\beta_2$ 时，即当上期生态环境质量变化量大于 -1.45 时，当期转移支付资金的增加会促进生态环境质量的提高；当 $DEI(-1) < -\beta_1/\beta_2$ 时，即当上期生态环境质量变化量小于 -1.45 时，当期转移支付资金的增加会减缓生态环境质量的提高。从湖北省国家重点生态功能区的生态环境质量变化量来看，绝大多数地区都大于 -1.45，因此当期转移支付资金的增加将促进生态环境质量的提高。可能是因为当上期生态环境状况变差较多时，由于环境污染具有持续性，增加转移支付资金对当期生态环境状况的改善并不明显；而当上期生态环境质量改善明显时，增加转移支付资金可以促进当期生态环境质量的提升。这与国家重点生态功能区转移支付奖惩资金的分配基本一致，给生态环境质量变好的

地区更多的转移支付资金更有效率。

另外从控制变量来看，仅产业结构的系数为正且在1%的显著性水平下通过检验，说明第二产业比重对生态环境质量的提高有促进作用。可能是因为在国家重点生态保护区对工业的环保要求较高，对不符合生态保护要求、区域功能定位的传统产业，关停并转或限制准入，处于环境库兹涅茨倒"U"形曲线的右边位置，第二产业比重增加有利于生态环境质量的提高。

为了考察国家重点生态功能区转移支付资金中各部分的环境效应，将转移支付资金分为预期转移支付和非预期转移支付，考察两部分分别的环境效应，回归结果见表4-6。从模型（1）可以看出，预期转移支付在1%的显著性水平下通过检验，且系数符号为正，说明预期转移支付对生态环境质量的提升有促进作用。非预期转移支付未通过显著性检验，说明非预期转移支付对生态环境质量的提升效果不显著。模型（2）（3）（4）分别是在模型（1）的基础上分别加入城乡收入差距、产业结构和人均地区生产总值3个控制变量后的回归结果。发现加入控制变量后的回归结果与模型（1）一致，预期转移支付均在1%的显著性水平下通过检验，且系数符号为正，而非预期转移支付的结果并不显著。因此，非预期转移支付的环境效应不显著，而预期转移支付的环境效应十分显著，地方政府主要使用预期转移支付资金来实现"保护生态环境"的政策目标，推论四得证。

表4-6　　国家重点生态功能区转移支付结构对生态环境质量影响的回归结果

变量	（1）	（2）	（3）	（4）
DEI（-1）	0.1955 *** (3.6)	0.1999 *** (2.53)	0.2093 *** (3.48)	0.2297 *** (3.12)
ZTR	6.0000E-05 (0.65)	5.8700E-05 (0.56)	1.5200E-05 (0.18)	4.4200E-06 (0.05)
$YQTR$	5.2800E-05 *** (2.86)	4.6700E-05 *** (2.83)	4.4500E-05 *** (2.98)	5.6100E-05 *** (3.21)
$\ln tl$		-0.0331 (-0.13)		
$\ln ind$			1.0413 ** (2.42)	

变量	（1）	（2）	（3）	（4）
ln$pGDP$				0.1021
				（0.49）
_cons	− 0.3261 ***	− 0.3683	0.8155 **	− 0.4175 *
	（− 2.76）	（− 0.63）	（1.99）	（− 1.94）
$AR(1)$	0.0325	0.032	0.0269	0.0218
$AR(2)$	0.4271	0.4261	0.5368	0.4013
$Sargan$	0.4847	0.3446	0.4695	0.1493

注：系数下方括号内为 t 值；*、**、*** 分别表示在 10%、5% 和 1% 的显著水平，AR、$Sargan$ 中的数分别表示为 prob > z、prob > F（chi2）的值。

第三节　中央节能环保专项转移支付政策环境效应的实证分析

中央节能环保专项转移支付资金通常为由中央财政设立的环保专项资金，由中央财政拨付给地方财政用于支持地方开展各项节能环保工作。中央节能环保专项转移支付资金与地方本级财政节能环保财政支出之和即为第一节中的地方节能环保财政预算支出。因此，本节通过建立实证模型考察节能环保专项转移支付政策的环境效应，进一步考察地方政府财政自给率是否会影响节能环保专项转移支付政策的环境效应。

一、模型设定与数据说明

为了研究中央财政节能环保专项转移支付政策的环境效应，选取中央财政节能环保专项转移支付（$trans$）、中央财政环保专项转移支付在地方节能环保财政预算支出中的占比（TW）和地方财政自给率（FD）3 个变量作为解释变量，同时为了考察地方政府财政自给率是否会影响节能环保专项转移支付与环境质量之间的关系，模型中引入财政自给率与中央财政节能环保专项转移支付的交叉项（$FD \times trans$）。为了避免模型产生内生性问题，需要引入对环境质量有影响的控制变量，由于对外开放和环境保护是相辅相成的，对外开放事业的迅速发展促进了我国环保事业的发展，但其对环境的影响也有消极的一面，对环境也有一定的破坏，因此引入对外开放程度（open）作为控制变量。模型设定如下：

$$Y_t = \alpha + \beta_1 trans_t + \beta_2 TW_t + \beta_3 RW_t + \beta_4 FD_t \times trans_t + \beta_5 open_t + \mu_t$$

$$(4-16)$$

其中，Y_t 为我国 t 年的环境质量指标，包括环境质量综合指数（E）和其包含的污染治理（wrzl）、能源节约（nyjy）、生态保护（stbh）综合指数；$trans_t$ 表示我国 t 年的中央财政节能环保专项转移支付资金（以下简称"环保专项资金"）；TW_t 表示我国 t 年中央财政节能环保专项转移支付在地方节能环保财政预算支出中的占比（以下简称"环保专项资金占比"）；FD_t 表示我国 t 年的地方政府财政自给率，即地方财政一般预算内收入与地方财政一般预算内支出之比；$FD_t \times trans_t$ 为交叉项，表示地方财政自给率和中央财政节能环保专项转移支付的交叉项（以下简称"交叉项"），考察中央财政节能环保专项转移支付对环境质量的影响是否受财政自给率的影响；$open_t$ 表示我国 t 年的对外开放程度。

由于历年财政预算中仅有我国中央财政节能环保专项转移支付资金的数据，并未公布各省获得中央财政节能环保专项转移支付金额，因此，本节采用 2007～2015 年全国的时间序列数据进行实证分析，数据来源于《中央对地方税收返还和转移支付预算表》（2007～2015）、《中国财政年鉴》（2008～2016）、《国家统计年鉴》（2008～2016），运用居民物价指数对与价格变化相关的变量进行平减（2007 年为基期）处理。

二、单位根检验

本节实证分析中采用时间序列数据，因此首先需要对变量进行平稳性检验，利用 DF（Dickey-Fuller）平稳性检验的修正模型 ADF 检验对各变量进行检验，其模型如下：

$$\Delta Y_t = \alpha_1 + \alpha_2 t + \rho Y_{t-1} + \sum_{i=1}^{m} \beta_i \Delta Y_{t-i} + \mu_t \qquad (4-17)$$

其中，α_1、α_2、ρ、β 为参数，m 为最优滞后项，μ_t 为随机误差项，t 是线性时间趋势项。主要有以下几种检验方法：

1. 均不包含常数项和时间趋势项

$$\Delta Y_t = \rho Y_{t-1} + \sum_{i=1}^{m} \beta_i \Delta Y_{t-i} + \mu_t \qquad (4-18)$$

2. 包含常数项但没有线性时间趋势项

$$\Delta Y_t = \alpha_1 + \rho Y_{t-1} + \sum_{i=1}^{m} \beta_i \Delta Y_{t-i} + \mu_t \qquad (4-19)$$

3. 包含常数项和线性时间趋势项

$$\Delta Y_t = \alpha_2 t + \rho Y_{t-1} + \sum_{i=1}^{m} \beta_i \Delta Y_{t-i} + \mu_t \qquad (4-20)$$

分别对 P、$wrzl$、$nyjy$、$stbh$、$trans$、tw、FD、$FD \times trans$ 和 $open$ 进行 ADF 单位根平稳性检验，检验结果若 ADF 统计量小于临界值，则拒绝原假设，序列平稳，反之非平稳。检验结果如表 4-7 所示。

表 4-7　　　　　　　　　　　各变量单位根检验结果

检验序列	ADF检验值	1% 显著性水平临界值	5% 显著性水平临界值	10% 显著性水平临界值	概率 p	检验结果	平稳性
E	-3.6786	-6.2921	-4.4504	-3.7015	0.1054	未通过	非平稳
$D(E)$	-7.6039	-7.0063	-4.7732	-3.8777	0.0073 ***	通过	平稳
$wrzl$	-1.0687	-4.5826	-3.3210	-2.8014	0.6698	未通过	非平稳
$D(wrzl)$	-3.8181	-5.1198	-3.5196	-2.8984	0.0364 **	通过	平稳
$nyjy$	-1.5683	-5.8352	-4.2465	-3.5905	0.7163	未通过	非平稳
$D(nyjy)$	-9.6161	-7.0063	-4.7732	-3.8777	0.0026 ***	通过	平稳
$stbh$	1.6236	-2.8861	-1.9959	-1.5991	0.9598	未通过	非平稳
$D(stbh)$	-2.1024	-2.9372	-2.0063	-1.5981	0.0421 **	通过	平稳
$trans$	0.7493	-2.8861	-1.9959	-1.5991	0.8544	未通过	非平稳
$D(trans)$	-2.4715	-2.9372	-2.0063	-1.5981	0.0221 **	通过	平稳
tw	-2.0858	-6.2921	-4.4504	-3.7015	0.4689	未通过	非平稳
$D(tw)$	-2.1761	-2.9372	-2.0063	-1.5981	0.0373 **	通过	平稳
FD	-0.9333	-2.8861	-1.9959	-1.5991	0.2829	未通过	非平稳
$D(FD)$	-1.9414	-2.9372	-2.0063	-1.5981	0.0560 *	通过	平稳

续表

检验 序列	ADF 检验值	1% 显著性 水平临界值	5% 显著性 水平临界值	10% 显著性 水平临界值	概率 p	检验 结果	平稳性
$RW \times trans$	0.6254	-2.8861	-1.9959	-1.5991	0.8289	未通过	非平稳
$D(RW \times trans)$	-2.6069	-2.9372	-2.0063	-1.5981	0.0175**	通过	平稳
$open$	-1.6188	-4.5826	-3.3210	-2.8014	0.4299	未通过	非平稳
$D(open)$	-5.9474	-5.1198	-3.5196	-2.8984	0.0049***	通过	平稳

注：符号 *、**、*** 分别代表置信度分别为 10%、5% 和 1% 下的显著性水平。

从表 4-7 可以看出，解释变量环境质量、污染治理、能源节约和生态保护 4 项在 5% 的显著性水平下不显著，因此它们的原序列不平稳，但其一阶差分在 5% 的显著性水平下显著，因此环境质量、污染治理、能源节约和生态保护均为一阶平稳序列；被解释变量环保专项资金、环保专项资金占比、地方财政自给能力、交叉项 4 项的原序列均不平稳，但它们的一阶差分别在 5% 的显著性水平下显著，因此它们均为一阶平稳序列；控制变量对外开放程度的原序列不平稳，但其一阶差分在 10% 的显著性水平下显著，因此对外开放程度为一阶平稳序列。综上，所有时间序列数据均为一阶单整，可以进行协整检验。

三、协整关系检验

为了考察环境质量与环保专项资金、环保专项资金占比、地方财政自给率、交叉项四者之间是否有长期稳定的关系。需要对其进行协整检验。协整检验的前提是同阶单整序列，因此分析 $E(wrzl、nyjy、stbh)$、$trans$、tw、FD、$FD \times trans$ 和 $open$ 的协整关系。

本节运用残差的平稳性来检验两变量之间的协整关系。首先利用普通最小二乘法求出回归方程，并检验其残差是否平稳，用此来判断 X_t 和 Y_t 的协整性。如果 X_t 和 Y_t 不是协整的，其残差也必然是非平稳的；如果检验结果表明，其残差是平稳的，则可以认为 X_t 和 Y_t 之间存在协整关系。

为了分析中央财政节能环保专项转移支付对环境质量的影响，分别检验有交叉项和无交叉项的模型是否协整。因此建立两组回归模型，无交叉项为式（4-21），有交叉项为式（4-22）。残差平稳性检验结果和长期回归结果见表 4 - 8 和表 4 - 9。

$$Y_t = \alpha + \beta_1 trans_t + \beta_2 TW_t + \beta_3 FD_t + \beta_5 open_t + \mu_t \quad (4 - 21)$$

$$Y_t = \alpha + \beta_1 trans_t + \beta_2 TW_t + \beta_3 FD_t + \beta_4 FD_t \times trans_t + \beta_5 open_t + \mu_t$$
$$(4 - 22)$$

从表 4 - 8 可以看出，检验序列（1）~（8）的残差均在 5% 的显著性水平下显著，以上变量之间均具有长期稳定关系，因此可以建立长期模型，回归结果如表 4 - 9 所示。

表 4 - 8   残差平稳性检验结果

检验序列		ADF 检验值	1% 显著性水平临界值	5% 显著性水平临界值	10% 显著性水平临界值	概率 p	检验结果	平稳性
E	（1）	− 2. 3049	− 2. 9372	− 2. 0063	− 1. 5981	0. 0298 **	通过	平稳
	（2）	− 4. 9305	− 2. 8861	− 1. 9959	− 1. 5991	0. 0004 ***	通过	平稳
$wrzl$	（3）	− 4. 7460	− 2. 8861	− 1. 9959	− 1. 5991	0. 0005 ***	通过	平稳
	（4）	− 5. 0783	− 2. 8861	− 1. 9959	− 1. 5991	0. 0003 ***	通过	平稳
$nyjy$	（5）	− 3. 9965	− 2. 9372	− 2. 0063	− 1. 5981	0. 0019 ***	通过	平稳
	（6）	− 3. 9829	− 2. 9372	− 2. 0063	− 1. 5981	0. 0020 ***	通过	平稳
$stbh$	（7）	− 6. 7134	− 2. 9372	− 2. 0063	− 1. 5981	0. 0001 ***	通过	平稳
	（8）	− 6. 3202	− 2. 9372	− 2. 0063	− 1. 5981	0. 0001 ***	通过	平稳

注：符号 * 、** 、*** 分别代表信度分别为：10% 、5% 和 1% 下的显著性水平。检验序列（1）、（3）、（5）和（7）为无交叉项回归模型检验结果，检验序列（2）、（4）、（6）和（8）为有交叉项回归模型检验结果。

表 4 - 9   长期回归结果

变量	环境质量		污染治理		能源节约		生态保护	
	（1）	（2）	（3）	（4）	（5）	（6）	（7）	（8）
$trans$	0. 0018 **	0. 0059 ***	0. 0008 **	0. 0041 ***	0. 0004 *	0. 0002	0. 0000	0. 0017 **
	(3. 46)	(5. 56)	(4. 05)	(5. 66)	(2. 15)	(0. 24)	(0. 13)	(3. 22)
tw	− 5. 1452 **	− 4. 9793 ***	− 2. 4583 **	− 2. 4533 **	− 1. 4300 *	− 1. 4380	− 1. 0897 **	− 1. 0880 *
	(− 2. 6943)	(− 5. 17)	(− 3. 78)	(− 3. 79)	(− 2. 20)	(− 2. 00)	(− 2. 39)	(− 2. 31)
FD	25. 0219 ***	26. 1714 ***	6. 7420 ***	12. 3649 ***	6. 1089 ***	6. 0541 ***	4. 8364 ***	7. 7524 ***
	(11. 22)	(22. 58)	(4. 78)	(15. 86)	(8. 09)	(6. 9978)	(4. 90)	(13. 70)

变量	环境质量		污染治理		能源节约		生态保护	
	(1)	(2)	(3)	(4)	(5)	(6)	(7)	(8)
$FD \times$ trans		-0.0081** (-3.96)		-0.0056** (-4.08)		0.0004 (0.25)		-0.0029** (-2.88)
open	-6.8426** (-2.00)	-7.2640** (-4.21)	-2.9714* (-2.55)	-3.0888* (-2.66)	-1.6756 (-1.45)	-1.6555 (-1.29)	-2.4610** (-3.02)	-2.5197** (-2.99)
c			3.2067** (4.06)				1.6666** (3.01)	
R- squared	0.9757	0.9951	0.9910	0.9911	0.9609	0.9615	0.9818	0.9807
Durbin- Watson stat	1.3292	2.8347	2.7780	2.8796	2.2303	2.1847	2.2767	2.0128

注：符号 * 、 ** 、 *** 分别代表置信度分别为：10%、5% 和 1% 下的显著性水平。检验序列 (1) (3) (5) 和 (7) 为无交叉项回归模型检验结果，检验序列 (2) (4) (6) 和 (8) 为有交叉项回归模型检验结果。

从表 4 - 9 可以看出，(1) (3) (5) 和 (7) 无交叉项回归模型中环保专项资金对环境质量的长期影响均为正，即中央财政给地方转移的节能环保专项资金增加，将有助于不论是污染治理、能源节约、生态保护还是整体的环境质量的改善；财政自给率对环境质量的长期影响为正，即地方财政自给率越高，越有利于环境质量的改善；环保专项资金占比对环境质量的长期影响为负，即地方节能环保财政支出中，中央财政转移给地方的节能环保专项资金占比越大，越不利于环境质量的改善，环境质量的提升既需要环保专项资金的提高，又需要环保专项资金占地方财政节能环保支出的比重下降，中央环保专项资金和地方本级节能环保支出两部分构成了地方财政节能环保支出，说明地方本级应加大节能环保财政支出，以促进环境质量的提升。

模型 (2) (4) (6) 和 (8) 中加入了交叉项后，其他变量的符号均未发生改变。交叉项对环境质量的长期影响仅在模型 (6) 中为正但其不显著，模型 (2) (4) 和 (8) 中的交叉项对环境质量的长期影响显著为负，即财政自给率和环保专项资金对环境质量的共同影响为负，随着财政自给率的提高环保专项资金对环境质量的促进作用逐步降低。可以推出：第一，当 $FD < -\beta_1/\beta_4$ 时，环保专项资金的增加有助于环境质量的提升；而 $FD > -\beta_1/\beta_4$ 时，环保专项资金的减少有助于环境质量的提升。以环境质量回归模型为例，即当地方财政自给率小于 0.73 时，环保专项资金的增加有助于环境质量的提升；当地方财政自给率大于 0.73 时，环保专项资金的减少有助于环境质量的提升，当地方本级对环境保护投入较少时，中央转移给地方的环保专项资金的效率更高。第二，财政自给率对环境质量的影响显著为 $\beta_3 + \beta_4 trans$，当 $trans < -\beta_3/\beta_4$ 时，即环保专项资金小于 3228.34 亿元时，财政自给率的提高会使环境质量有所提升；当 $trans > -\beta_3/\beta_4$ 时，当环保专项资金大于 3228.34 亿元时，财政自给率的降低会使环境质量有所提升，我国 2015 年地方财政自给率和环保专项资金分别为 0.55 和 1487.59 亿元，远低于 0.73 和 3228.34 亿元，因此，目前阶段不论是提高地方财政自给率或是加大对地方节能环保专项转移支付，均有助于我国环境质量的提升。

此外，对外开放程度对我国环境质量的长期影响为负，表明对外开放程度越高越不利于我国环境质量的提升。

四、误差修正模型

上述协整关系只反映了财政分权、财政支出、城市化水平与城市收入差距之间的长期均衡关系，为弥补长期静态模型的不足，下面建立误差修正模型，来反映短期偏离长期均衡的修正机制。检验统计量显示模型拟合效果较好，短期回归结果如表 4-10 所示。

表 4-10　　　　　　　　　　短期回归结果

变量	环境质量		污染治理		能源节约		生态保护	
	(1)	(2)	(3)	(4)	(5)	(6)	(7)	(8)
$D(trans)$	0.0021 ***	0.0042 *	0.0007 ***	0.0029 *	0.0002	-0.0014	0.0001	0.0025
	(32.53)	(3.41)	(10.76)	(2.94)	(1.07)	(-0.49)	(0.64)	(1.09)
$D(tw)$	-5.5434 ***	-4.9501 ***	-2.4436 ***	-2.4918 ***	-0.8574	-0.9180	-1.5114 ***	-1.5214 **
	(-43.44)	(-30.03)	(-21.81)	(-19.04)	(-2.04)	(-2.27)	(-6.44)	(-4.46)
$D(FD)$	16.6392 ***	19.5047 **	3.8418 ***	8.1333 *	3.2874	0.4473	6.1616 ***	10.7292
	(32.73)	(8.35)	(8.2455)	(4.30)	(2.01)	(0.08)	(6.81)	(2.41)
$D(FD \times trans)$		-0.0053		-0.0038		0.0029		-0.0043
		(-2.44)		(-2.14)		(0.60)		(-1.05)

续表

变量	环境质量		污染治理		能源节约		生态保护	
	(1)	(2)	(3)	(4)	(5)	(6)	(7)	(8)
D(open)	−4.6261***	−6.5825***	−2.3588***	−2.6444***	−1.6215	−1.3669	−2.2926***	−2.5523**
	(−21.47)	(−21.22)	(−12.06)	(−10.66)	(−2.28)	(−1.93)	(−5.85)	(−4.44)
ECM(−1)	−0.7013***	−1.9613***	−2.0384***	−1.9151**	−1.8521**	−1.8141*	−1.8081**	−1.6750
	(−15.18)	(−11.49)	(−11.36)	(−9.66)	(−3.25)	(−3.39)	(−4.26)	(−2.68)
R-squared	0.9958	0.9951	0.9905	0.9914	0.4675	0.6546	0.9769	0.9682

注：符号 *、**、*** 分别代表置信度分别为：10%、5% 和 1% 下的显著性水平。检验序列（1）（3）（5）和（7）为无交叉项回归模型检验结果，检验序列（2）（4）（6）和（8）为有交叉项回归模型检验结果。

加入误差修正项 ECM（−1）后，各回归模型的误差修正项均显著为负，说明当期对上一期的环境质量起到了反向修正作用，降低了环保专项资金、环保专项资金占比、财政自给率和对外开放程度对环境质量的影响程度。除模型（5）和模型（6）回归结果不显著以外，其他模型各变量的短期回归结果基本显著，且与长期回归结果一致，环保专项资金、环保专项资金占比和财政自给率对我国环境质量的短期影响分别为正、负和正；对外开放程度对我国环境质量的短期影响为负。加入了交叉项后，环保专项资金、环保专项资金占比、财政自给率和对外开放程度的符号均未发生改变，交叉项的符号均为负，也与长期回归结果一致。说明不论是从短期还是长期来看，环保专项资金、环保专项资金占比、财政自给率和对外开放程度对环境质量的影响是一致的。

第四节 政府绿色采购政策环境效应的实证分析

政府绿色采购政策是将市场竞争机制和政府财政支出管理机制的有机结合，从环境利益出发，优先或强制购买节能产品政府采购清单和环境标志产品政府采购清单中的产品，激励企业进行技术上的升级，使企业生产和销售有利于环境的产品。本节通过动态面板回归模型分析政府绿色采购政策的环境效应。

一、模型设定

由于政府绿色采购对环境质量的影响为间接影响，刺激生产节能环保产品的厂商提供更多的节能环保产品给市场，约束生产非节能环保产品的厂商，使其迫于市场竞争的压力进行技术升级改造，也提供节能环保产品，最终使市场上的节能环保产品增多，有助于环境质量的提升。因此在模型中引入技术创新指标，考察技术创新对政府绿色采购政策的环境效应的影响，如模型（4-23）。又考虑到政府环保采购和节能采购分别采购的是《环境标志产品政府采购清单》和《节能产品政府采购清单》中的物品，环保采购有助于污染治理，节能采购有助于节能减排，因此需进一步研究技术创新对政府环保采购治污效应的影响和政府节能采购节能效应的影响，模型分别为（4-24）和（4-25）：

$$\ln E_{it} = \alpha + \rho \ln E_{i,t-1} + \beta_1 \ln hb_{it} + \beta_2 \ln jn_{it} + \beta_3 \ln jscx_{it}$$
$$+ \beta_4 \ln hb_{it} \times \ln jscx_{it} + \beta_5 \ln jn_{it} \times \ln jscx_{it} + \varepsilon_{it} + \mu_{it} \quad (4-23)$$

$$\ln wrzl_{it} = \alpha + \phi \ln wrzl_{i,t-1} + \eta_1 \ln hb_{it} + \eta_2 \ln jscx_{it}$$
$$+ \eta_3 \ln hb_{it} \times \ln jscx_{it} + \varepsilon_{it} + \mu_{it} \quad (4-24)$$

$$\ln nyjy_{it} = \alpha + \phi \ln nyjy_{i,t-1} + \eta_1 \ln jn_{it} + \eta_2 \ln jscx_{it}$$
$$+ \eta_3 \ln jn_{it} \times \ln jscx_{it} + \varepsilon_{it} + \mu_{it} \quad (4-25)$$

其中，解释变量 E_{it} 为 t 年 i 省的环境质量指标，即环境质量综合指数，$wrzl_{it}$ 为 t 年 i 省的污染治理指标，即污染治理综合指数，$nyjy_{it}$ 为 t 年 i 省的能源节约指标，即能源节约综合指数；被解释变量 hb_{it} 为 t 年 i 省的政府环保采购规模，jn_{it} 为 t 年 i 省的政府节能采购规模，$jscx_{it}$ 为技术创新指标，采用发明专利申请受理量和实用新型专利申请受理量之和来表示，是因为三类发明专利中这两类专利符合国际标准分类，具有较高的参考价值，而外观专利并不能反映技术的创新，另外采用专利申请的受理量而不是专利的授权量，是因为授权量仅是一种审查形式，而申请量更能反映真实的技术创新情况；ρ 和 ϕ 均为滞后一期解释变量的系数；β 和 η 均为解释变量的系数；ε_{it} 为扰动项，μ_{it} 为误差项，其均值为零且与解释变量不相关。

二、数据说明

环境质量综合指数、污染治理综合指数、能源节约综合指数来源于第三章计算所得；我国各省政府环保采购规模和节能采购规模的数据来源于向财政部申请信息公开所得，仅获得 2011～2015 年各省数据；技术创新指标，即发明和实用新型专利申请受理量数据来源于历年《中国统计年鉴》，因此本章利用 2011～2015 年省级面板数据进行实证分析。同时为了避免数据的整个值域中的在不同区间的差异带来的影响，并减弱各变量的异方差性，对模型中选取的数据均取对数处理。

三、实证结果分析

表 4－11 为政府绿色采购对环境质量影响的实证结果。从实证结果来看，仅模型（2）（3）（4）成立，其扰动项的差分存在一阶自相关，但不存在二阶自相关，故接受原假设"扰动项 $\{\varepsilon_{it}\}$ 无自相关"，可以使用系统 GMM，且 Sargan 值在 5% 的显著性水平上，无法拒绝"偶有工具变量均有效"的原假设，因此模型（2）（3）（4）选取的工具变量均有效。而其他 3 个模型并不符合以上 2 个条件，因此模型（1）（5）（6）不成立，不能依据这 3 个模型的结果得出政府绿色采购对环境质量影响的结论，但其对结果分析有一定参考价值。

表 4－11　　　　　政府绿色采购对环境质量影响的实证结果

变量	环境质量		污染治理		能源节约	
	（1）	（2）	（3）	（4）	（5）	（6）
$L1.\ln y$	0.9594 ***	0.9643 ***	0.9374 ***	0.9471 ***	0.9921 ***	1.0118 ***
	（119.05）	（70.56）	（114.11）	（137.27）	（72.54）	（54.44）
$\ln hb$	－ 0.0044 **	0.0328 ***	－ 0.0019 ***	0.0052 ***		
	（－ 1.68）	（4.62）	（－ 4.76）	（3.27）		
$\ln jn$	0.0097 ***	－ 0.0422 ***			0.0115 ***	－ 0.0138 ***
	（3.8）	（－ 5.29）			（18.01）	（－ 3.21）
$\ln jscx$	0.0029 **	0.0198 ***	0.0017	0.0144 ***	0.0272 ***	－ 0.0067
	（1.83）	（2.59）	（0.71）	（2.91）	（6.38）	（－ 0.65）
$\ln hb \times \ln jscx$		－ 0.0003 ***		－ 0.0001 ***		
		（－ 5.63）		（－ 4.08）		

续表

变量	环境质量		污染治理		能源节约	
	（1）	（2）	（3）	（4）	（5）	（6）
$\ln jn \times \ln jscx$		0.0048 ***				0.0025 ***
		（6.63）				（5.46）
_cons	− 0.1145 ***	− 0.2713 ***	− 0.0987 ***	− 0.2042 ***	− 0.4012 ***	− 0.0007
	（− 4.26）	（− 3.76）	（− 4.61）	（− 5.29）	（− 5.20）	（− 0.00）
AR（1）	0.0261	0.0312	0.0418	0.0398	0.1278	0.1434
AR（2）	0.0488	0.1236	0.9462	0.9692	0.6046	0.7467
Sargan	0.6262	0.6841	0.1973	0.2594	0.2552	0.2754

注：系数下方括号内为 t 值；* 、** 、*** 分别表示在10%、5%和1%的显著水平，AR、Sargan 中的数分别表示为 prob > z、prob > F（chi2）的值。检验序列（1）（3）和（5）为无交叉项回归模型检验结果，检验序列（2）（4）和（6）为有交叉项回归模型检验结果。

首先，技术创新指标在模型（1）（3）（5）中的系数符号均为正，与预期的结果一致，说明技术创新有助于环境质量的提升。其次，对比各模型无交叉项和有交叉项回归结果，这三类加入交叉项后，政府环保采购规模和政府节能采购规模的系数符号与无交叉项模型的系数符号均相反，无交叉项模型中政府环保采购规模的系数符号为负，政府节能采购规模的系数符号为正，而加入交叉项后政府环保采购规模的系数符号为正，政府节能规模的系数符号为负。从无交叉项模型结果可以得出，在前提条件为不考虑技术创新的情况下，政府环保采购规模增加不利于环境质量的提升，政府节能采购规模增加有助于环境质量的提升，但现实情况是技术创新一直存在，因此从有交叉项模型可以得出不论是政府环保采购还是政府节能采购对环境质量的影响均与技术创新情况密不可分。最后，从模型（2）可以推出：

第一，技术创新会减缓政府环保采购的环境效应。从政府环保采购规模、政府环保采购规模与技术创新的交叉项的系数可以得出，当 $jscx < e^{-\beta_1/\beta_4}$ 时，即技术创新指标小于 5.02×10^{42} 时，政府环保采购规模增大有助于环境质量的改善；当 $jscx > e^{-\beta_1/\beta_4}$ 时，即技术创新指标大于 5.02×10^{42} 时，政府环保采购规模增大反而不利于环境质量的改善。是因为当技术创新达到一个较高水平时，社会上的产品绝大多数都是环保产品，对环境的污染较少，此时政府环保采购规模增加不利于环境质量的改善。

第二，技术创新会增强政府节能采购的环境效应。从政府节能采购规模、政府节能采购规模与技术创新的交叉项的系数可以得出，当 $jscx > e^{-\beta_2/\beta_5}$ 时，即当技术创新指标大于 6082.46 时，政府节能采购规模增大有助于环境质量的改善；当 $jscx < e^{-\beta_2/\beta_5}$ 时，即当技术创新指标小于 6082.46 时，政府节能采购规模增大反而不利于环境质量的改善。与政府环保采购相反，可能是因为目前的技术创新中节能技术创新水平依然较低，政府增加节能清单中产品的采购规模依然达不到节约能源的效果，因此在技术水平较低时，政府节能采购规模增加不利于环境质量改善。

第三，政府扩大环保采购规模比扩大节能采购规模更有利于环境质量的提升。当 $\beta_1 + \beta_4 \ln jscx > \beta_2 + \beta_5 \ln jscx$ 时，推出 $jscx < e^{(\beta_1-\beta_2)/(\beta_5-\beta_4)}$，即技术创新指标小于 1969573.16 时，政府环保采购规模增加 1% 时环境质量提高的比例大于政府节能采购规模增加 1% 时环境质量提高的比例；当 $\beta_1 + \beta_4 \ln jscx < \beta_2 + \beta_5 \ln jscx$ 时，推出 $jscx > e^{(\beta_1-\beta_2)/(\beta_5-\beta_4)}$，即技术创新指标大于 1969573.16 时，政府环保采购规模增加 1% 时环境质量提高的比例小于政府节能采购规模增加 1% 时环境质量提高的比例。

综上，当技术创新指标在区间 $[6082.46，5.02 \times 10^{42}]$ 时，政府环保采购和政府节能采购规模的增加将有利于环境质量的改善；而当技术创新指标在区间（0，6082.46）时，政府环保采购规模增大将有利于环境质量的改善，而政府节能采购规模缩小将有利于环境质量的改善；当技术创新指标大于 5.02×10^{42} 的情况几乎不存在，不做讨论。从我国 2015 年各省状况来看，仅海南（2732）、青海（2287）和宁夏（4217）3 个省（区）技术创新指标小于 6082.46，因此这 3 个省（区）加强技术创新升级将提高政府绿色采购政策的环境效应，其他省份技术创新指标均在 $[6082.46，5.02 \times 10^{42}]$ 区间内，继续扩大政府环保和节能采购规模均有利于环境质量的提升。此外，2015 年所有省技术创新 1969573.16，此时增加同等比例的政府环保采购规模和政府节能采购规模，由于政府环保采购规模提升而导致环境质量提升的幅度大于由于政府节能采购规模提升而导致的环境质量提升幅度，因此各省扩大政府环保采购规模将更有利于我国环境质量的改善。因此，在目前技术水平下增加政府环保采购更有利于环境质量的提升，还需加强技术创新，特别是节能技术的创新。

第五章 我国环保财政支出政策存在的问题及原因分析

第一节 环保财政支出力度不足

一、环保财政支出规模总体偏低

政府环保财政支出在我国环境污染治理投资中起主导性作用，环境污染治理投资的主体包括政府、企业和社会公众三类，政府制定相应的环保政策并投入相应的环保财政支出，企业提供相应的技术支持和污染治理资金，社会公众给予环保支持。其中，环保财政支出政策的制定不仅直接作用于环境质量的提升，还对非政府投资，即对企业和社会公众投资的方向、规模和结构具有引导的作用。

从图 5-1 可以看出，我国环保财政支出占 GDP 的比重一直处于波动中上升的趋势，说明我国环保财政支出规模有了一定的提升，但其规模依然偏低，占 GDP 的比重均低于 0.8%。此外，从我国环境污染治理投资占 GDP 的比重来看，其经历了先上升后下降的过程，2010 年达到最高为 1.84% 后不断下降，到 2019 年仅为 0.93%。根据国际经验，环境污染治理投资占 GDP 的比重在 1%~1.5% 时，可以遏制环境污染恶化的趋势，比重达到 2% 以上时环境质量会得到改善。从我国环境污染治理投资占 GDP 的比重来看，大部分都在 1%~1.5% 之间浮动，比重均低于 2%。从国际经验来看我国污染治理投资仅能初步遏制环境恶化，还不能使环境质量得到改善。我国污染治理投资规模不足可以进一步说明在其中起主导性作用的政府环保财政支出规模总体偏低，使其引致投资（企业和社会公众对污染治理的投资）偏低，最终导致污染治理投资规模不足，无法起到改善环境质量的作用。

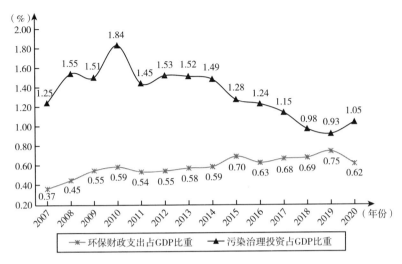

图 5 – 1 2007～2020 年环保财政支出、污染治理投资占 GDP 比重

资料来源：作者根据《2008～2021 中国财政年鉴》和国家统计局数据整理。

二、环保财政支出增长稳定性不足

虽然 2007 年起节能环保财政支出列入预算，且其支出规模不断上升，但我国环保财政支出增长却不稳定。如表 5 – 1 所示，我国节能环保预算财政支出的增长率在 2008 年（45.75%）最高，也就是节能环保科目刚列入预算时其增长最快，但之后其增长率不断下降，并且不断波动，2016 年其增长率甚至为负。不仅如此，与环保有关的转移支付的增长率也波动较大，其中国家重点生态功能区转移支付的增长率一直以来均为正，符合历年《中央对地方重点生态功能区转移支付办法》中规定的"当年测算转移支付数额少于上年的省，中央财政按上年数额下达"，其增长率在 2009 年（100%）和 2010 年（107%）较高，而在 2011 年断崖式下跌至 20.48%，之后不断下降，仅在 2016 年增长率开始有小幅度提升；中央节能环保专项转移支付的增长稳定性十分不足，从 2008～2012 年表现为增长率不断升高下降，2013～2021 年中仅 2015 年、2017 年和 2021 年增长率为正，其他年份均为负。最后，可以看出政府绿色采购的增长率变化也无明显规律并不断波动，最高可达 338%，最低甚至变为负数。

表 5 - 1　　　　　　　　2008～2021 年环保财政支出增长率　　　　单位:%

类别	2008 年	2009 年	2010 年	2011 年	2012 年	2013 年	2014 年	2015 年	2016 年	2017 年	2018 年	2019 年	2020 年	2021 年
节能环保预算财政支出	45.75	33.26	26.26	8.15	12.21	15.92	11.08	25.87	-1.42	18.64	12.11	17.35	-14.30	-12.59
国家重点生态功能区转移支付	—	100.00	107.50	20.48	23.67	14.02	13.48	6.04	11.98	10.00	14.99	12.48	-2.03	11.00
中央节能环保专项转移支付	30.31	14.35	23.32	12.76	24.92	-11.94	-0.90	9.84	-14.83	5.20	-2.15	-51.21	-12.52	18.30
政府绿色采购	84.26	-0.33	338.00	24.73	34.53	47.46	17.97	-29.93	-0.08	27.37	-4.15	-59.03	2.05	—

资料来源:作者根据财政部《2008～2021 全国财政决算》,《2008～2020 年全国政府采购简要情况》整理。

　　从以上分析可以看出,不论是节能环保预算财政支出整体的增长率,还是其内部的国家重点生态功能区转移支付、中央节能环保专项转移支付和政府绿色采购的增长率均呈现出波动较大的现象,表明环保财政支出增长稳定性不足。究其原因,一是因为我国政府在环境保护方面的重视程度不够,导致政府更加倾向于经济性支出;二是因为我国环保财政支出政策不够完善,使其支出动力不足;三是因为环保财政支出容易受到国家经济社会状况的影响,特别是经济新常态以来,财政收入受到经济下行压力的影响,容易出现以收定支的现象。

三、对环境保护的重视程度不够

　　图 5 - 2 为我国节能环保财政支出占比与民生财政支出占比的对比图,民生财政支出主要包括教育、社会保障和就业、城乡社区事务和医疗卫生财政支出等。从图中可以看出,教育财政支出占比历年来均高于其他民生财政支出,最高为 16.87%,最低也在 14% 左右;社会保障和就业财政支出占比居于其次,随着我国社会保障的完善和对就业的不断重视,其占比历年来稳步

提高，从 10% 提升至 13.72%；城乡社区事务财政支出占比和医疗卫生占比虽然相对较低，但两者的上升趋势明显，城乡社区事务财政支出占比从 2007 年的 6.52% 逐步上升到 2019 年的 10.42%，医疗卫生财政支出占比从 2007 年的 4% 持续上升到 2019 年的 7.82%。但是我国节能环保财政支出占总财政支出的比重一直以来处于 2%~3%，其占比远远低于教育财政支出占比与社会保障和就业财政支出占比，其占比增长情况也远不及城乡社区事务财政支出占比和医疗卫生财政支出占比。因此，可以看出我国节能环保财政支出不论是占比还是占比的增长情况均远不及民生财政支出，说明我国政府对环境保护的重视程度不够。

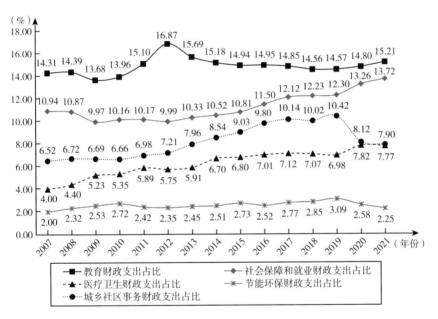

图 5 - 2 2007~2021 年我国节能环保支出占总财政支出比重与其他支出占比
资料来源：作者根据《2007~2021 全国财政决算》整理。

第二节 环保财政支出结构不合理

一、环境保护专项转移支付过多

从中央、地方节能环保财政支出和中央节能环保专项转移支付比重变化趋势（见图 5-3）来看，中央节能环保财政支出占全国节能环保财政支出的比重极低，而中央节能环保转移支付比重一直以来均高于中央节能环保财政支出比重。从中央节能环保转移支付比重来看，2007 年比重较高为 75.07%，说明地方政府的环保资金绝大多数来源于中央政府的转移支付，这部分转移支付均为已规定使用范围的专项转移支付。由于央地之间的环保事权与财权不匹配，一部分本该由中央政府承担的环保责任转嫁给了地方政府，从而导致此时专项转移支付过多，通过近年来经过不断整合专项转移支付，到 2021 年有关节能环保的专项资金个数大量减少，仅剩清洁能源发展专项资金、大气污染防治资金、水污染防治资金、节能减排补助资金、城市管网与废水处理专项资金、土壤污染防治专项资金、工业企业结构调整专项奖补资金和农村环境整治资金共 8 类支出，其资金规模占全国节能环保财政支出的比重也下降到了 14.83%。

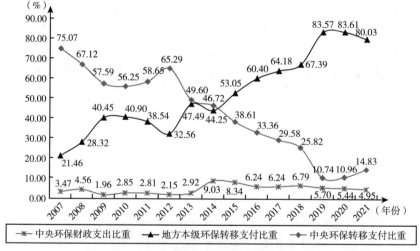

图 5-3 2007~2021 年中央、地方本级节能环保财政支出和中央节能环保专项转移支付比重

资料来源：作者根据《2011~2021 全国财政决算》整理。

从图 5-4 可以看出，虽然我国中央环保专项转移支付在不断压减，中央环保一般性转移支付也在不断扩大，但从 2007~2018 年中央环保一般性转移支付和中央环保专项转移支付规模来看，与 2015 年国务院印发的《国务院关于改革和完善中央对地方转移支付制度的意见》中所提出的"增加一般性转移支付规模和比例，逐步将一般性转移支付占比提高到 60% 以上"的目标相差甚远。直到 2019 年中央环保专项转移支付规模首次少于中央环保一般性转移支付规模。由此看来，我国环保转移支付结构调整相对我国整体转移支付结构调整较慢，进而说明我国环保专项转移支付过多，需要进一步压减环保专项转移支付，并增加环保一般性转移支付规模。

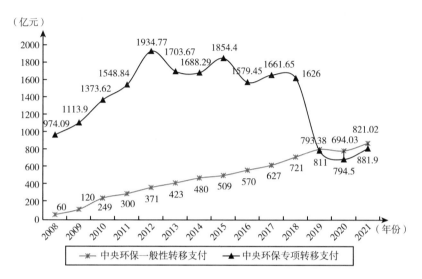

图 5 - 4 2008～2021 年中央环保一般性转移支付规模与专项转移支付规模对比
资料来源：财政部《2008～2021 全国财政决算》。

二、地区间环保财政支出差距较大

由于不同地区的经济发展情况不同，且各地区所包含的省（自治区、直辖市）的数量不同，用节能环保财政支出规模的绝对量并不能显示不同地区之间环境保护财政支出的差距，因此各运用地区万元 GDP 节能环保财政支出这个相对指标进行对比分析。从东、中、西部地区的每万元 GDP 节能环保财政支出（见图 5 - 5）可以看出，3 个地区的支出差距较大，西部地区明显高于中部地区，中部地区明显高于东部地区。虽然西部地区每万元 GDP 节能环保财政支出一直以来均高于其他两个地区，"十二五"期间呈现不断下降的趋势，"十三五"时期有所回升并保持相对稳定；而中部和东部地区虽然每万元 GDP 节能环保财政支出一直处于较低位置，但两个地区均呈现不断上升的趋势。东、中、西部地区的每万元 GDP 节能环保财政支出呈现这种差异，主要是因为西部地区还处于工业化的中级阶段，其经济发展模式粗放，还在走"先污染，后治理"的老路，随着其工业化进程的加快，西部地区创造每万元 GDP 所伴随的污染物排放高于东部地区，西部地区为了治理每万元 GDP 的污染物需要比东部地区投入更多的财政资金，因此西部地区每万元 GDP 节能环保财政支出高于东部地区。

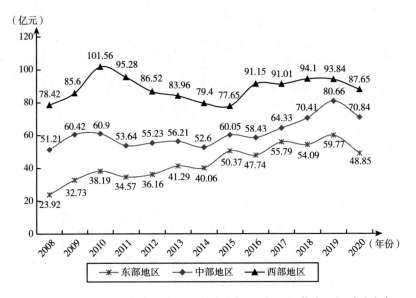

图 5 - 5　2008 ~ 2020 年东、中、西部地区每万元 GDP 节能环保财政支出

资料来源：作者根据《2008 ~ 2020 中国财政年鉴》整理。

三、环保财政支出投入存在偏向性

从我国目前节能环保财政支出的款级支出可以看出，我国节能环保财政支出主要投入到污染治理、能源节约和生态保护三个方面。图 5 - 6 为 2010 ~ 2021 年污染治理、能源节约和生态保护财政支出规模变化趋势（2010 年以前未公布款和项级支出明细）。可以看出，2010 ~ 2019 年，投入到污染治理方面的财政支出最高且稳步上升，投入到能源节约和生态保护两个方面的财政支出相对较低，两者的支出规模差别不大，但有关生态保护方面的财政支出一直呈现上升的良好趋势，而有关能源节约的财政支出近年来呈现出波动中上升的趋势，但 2019 年以后 3 个方面的支出均呈下降趋势。从以上分析可以看出政府在环保财政支出在污染治理、能源节约和生态保护这三个方面的投入具有偏向性，主要有两个方面的原因：第一，款项设立顺序。2007 年政府收支分类改革时首次将"环境保护"科目纳入预算时，环境保护财政支出科目下仅设有与污染治理和生态保护两个方面有关的 10 个科目，此时还没有有关能源节约方面的支出。2009 年才加入了能源节约方面的款项，随后 2011 年才将支出名称由"环境保护"变为"节能环保"。由于有关污染治理的财政款项设立先于有关能源节约的款项，政府在污染治理方面的投入又不断增加，因此政府投入到污染治理的财政支出高于能源节约的财政支出。第二，政府行为偏好。由于污染治理效果如化学需氧量排放总量、氨氮排放总量、二氧化硫排放总量和氮氧化物排放总量等指标减少，危险废物处置利用率、生活垃圾无害化处理率、污水集中处理率等指标较好衡量且容易监测，财政资金投入到污染治理中效果较明显，而生态保护效果如森林覆盖率、新增水土流失治理面积等指标不易统计，财政资金投入到生态保护中的效果不如投入到污染治理中的效果明显，因此政府倾向于将有限的资金更多地投入到容易出成果的地方（污染治理）中去，使污染治理财政支出高于生态保护财政支出。

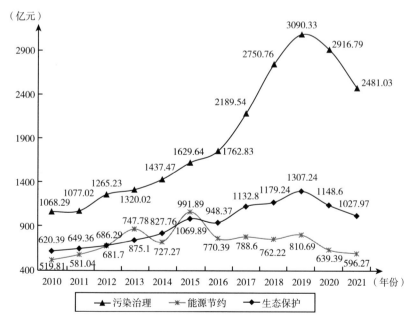

图 5 - 6　2010 ~ 2021 年污染治理、能源节约和生态保护财政支出

资料来源：作者根据《2010 ~ 2021 全国财政决算》整理。

第三节 环保财政支出政策设定存在缺陷

一、国家重点生态功能区转移支付政策激励效果不明显

国家重点生态功能区转移支付政策的激励机制分为正面激励和反面惩罚两种，但最后还加入了保障机制，说明即使地方政府由于某些原因导致其名义获得的国家重点生态功能区转移支付资金减少，中央财政也会给该地区转移与上年相同的资金数额，是对国家重点生态功能区的资金保障。因此，地方政府可以预期到当年获得的转移支付资金为上年转移支付资金数额，实际获得的转移支付数额与预期转移支付数额之间的差为非预期转移支付。从实证分析可以得出预期转移支付对环境质量提升的促进作用十分显著，而非预期转移支付对环境质量提升的促进效果不显著，说明地方政府主要使用预期转移支付资金来实现"保护生态环境"的政策目标，而将非预期转移支付全部投入到"改善民生"中去，因此国家重点生态功能区转移支付政策中对地方的激励效果不明显。

二、环保专项资金投资项目可行性不强

审计署对 2010～2011 年中央和省级财政投入的节能减排专项资金及 1139 个节能减排项目进行审计，以及对 2015 年和 2016 年中央财政转移支付给 18 个省、自治区、直辖市的节能环保重点专项资金管理使用情况进行了审计，两次审计存在的问题基本一致[①]，主要存在部分项目未按期开完工、部分已经建成的项目没有发挥预期效益、节能减排专项资金使用过程中存在违规现象、完工项目违规再申报的问题。由于节能减排专项资金是我国数量最大的中央节能环保专项转移支付，因此审计署对节能减排项目审计过程中发现的问题反映了我国专项资金的整体使用情况。出现这些问题的原因有很多，如一些项目前期准备不充分，项目发生变更或相关单位自筹资金不到位，导致

---

① 中华人民共和国审计署. 2017 年第 9 号公告：18 个省节能环保重点专项资金审计结果［Z］. 2017.

未能按期开工；一些项目因配套工程或产业链上下游关键项目未建成而无法按期完工，或建成了却无法发挥作用；有的项目由于对风险估计不足或运行管理不严，未能发挥预期效益等；还可能是因为多个部门分别对获得的节能环保专项资金进行管理，导致专项资金投入分散，分配管理链条较长，导致效率低下等。这些均体现了在项目筛选的过程中没有对项目进行全面的考察，没有充分地进行可行性分析，导致项目的可行性不强。

三、政府绿色采购中环保标准偏低

政府绿色采购是采购那些符合国家绿色标准的产品，即通过环境标志认证或节能产品认证的产品可以进入到《环境标志产品政府采购清单》和《节能产品政府采购清单》中，政府采购时优先或强制购买这两个清单中的产品。但是从本书的实证研究结论可以得出，技术创新会减缓政府环保采购的环境效应，即当技术水平提高时，继续购买《环境标志产品政府采购清单》中的产品时，其单位政府采购资金所带来的环境质量的提升会减少。这是由于政府绿色采购的环保标准偏低导致，政府环保采购清单中产品的环保技术水平应高于不在环保清单中的产品的环保技术水平，此时政府购买环保清单中的产品能发挥政府绿色采购的环保效应；但当社会上整体的技术水平提高时，政府绿色采购清单中产品的环保技术水平与不在环保清单中的产品的环保技术水平相差无几，此时政府是否采购清单中的产品对环境质量的影响不大，因此会出现技术创新反而会削弱环保采购的环境效应。由此说明随着我国技术不断进步，政府绿色采购的环保标准也要不断提高，或将环保标准进行分级，使清单中与清单外产品的环保技术水平明显不同，或不同级别的产品的环保技术水平明显不同，政府绿色采购才能发挥其环境效应。

第四节　环保财政资金管理制度不健全

一、环境保护多头管理效率低下

2018 年以前，我国环保财政资金投入和管理体制存在分项投入和多头管理的现象，污染防治和生态保护职责分布在环境保护部和其他 6 个部门里，生态环境保护体制机制长期以来在存在的职责交叉重复，监管者和所有者相互混杂等突出问题，使环保财政资金投入效率低下。为将分散的生态环境保护职责进行整合，使生态和城乡各类污染排放监管与行政执法职责得以统一行使，加强环境污染治理，保障国家生态安全，建设美丽中国，2018 年《中共中央关于深化党和国家机构改革的决定》中提出将环境保护部的职责，国家发展和改革委员会的应对气候变化和减排职责，国土资源部的监督防止地下水污染职责等共涉及 7 个部门有关环境保护的职责整合，组建生态环境部，作为国务院组成部门。① 虽然此次改革将污染治理和生态保护的职责进行了整合，但能源节约目前属于国家发展和改革委员会下的国家能源局的管理职责。节约能源是我国绿色发展的重要组成部分，污染治理和能源节约两者为互相辅助的关系，如环境污染中的"三废"排放大多数是由于能源浪费造成，煤炭的使用不仅消耗了大量的能源，还排放了大量的废气造成大气污染。因此需将国家能源局下的能源节约职责与生态环境部的污染防治、生态保护职责进行进一步整合。

二、缺乏有效的环保资金监管机制

目前，我国已对环保工作执行和环保资金使用的监督管理做了明确规定。如 2018 年新《预算法》第九十条规定："政府各部门负责监督检查所属各单位的预算执行，及时向本级政府财政部门反映本部门预算执行情况，依法纠正违反预算的行为"②。2015 年出台的新《环境保护法》中第十条规定："国务院环境保护主管部门，对全国环境保护工作实施统一监督管理；县级以上地方人民政府环境保护主管部门，对本行政区域环境保护工作实施统一监督管理。县级以上人民政府有关部门和军队环境保护部门，依照有关法律的规定对资源保护和污染防治等环境保护工作实施监督管理"③。此外，各项环保专项资金管理办法也对其资金监管均进行了明确规定，如《节能减排补助资金管理暂行办法》中第十条规定"财政部会同有关部门对节能减排补助资金使用情况进行监督检查和绩效考评"④；《大气污染防治资金管理办法》中第

① 中国共产党中央委员会. 中共中央关于深化党和国家机构改革的决定 [Z]. 2018.
② 全国人民代表大会常务委员会. 中华人民共和国预算法 [Z]. 2018.
③ 全国人民代表大会常务委员会. 中华人民共和国环境保护法 [Z]. 2020.
④ 中华人民共和国财政部. 节能减排补助资金管理暂行办法 [Z]. 2021.

十三条规定"省级财政部门接到防治资金预算后，应会同生态环境部门在 30 日内分解下达，同时将资金分配结果报财政部、生态环境部备案，抄送财政部当地监管局。"第十四条规定"财政部、生态环境部负责组织实施和推动开展防治资金全过程预算绩效管理，做好绩效目标审核，督促和指导地方开展绩效运行监控和绩效自评，同时做好重点绩效评价，并加强绩效评价结果应用，作为完善政策、改进管理及以后年度预算安排的重要依据。可以按照相关规定引入第三方机构参与绩效评价工作。中央财政下达防治资金时，将审核确定后的分区域绩效目标同步下达，并抄送财政部各地监管局"，第十七条规定"地方各级财政、生态环境部门以及防治资金具体使用单位，应当对上报的有关数据和信息的真实性、准确性负责。切实加强项目预算绩效管理，强化预算执行，不断提高资金使用绩效。发现违规使用资金、损失浪费严重、低效无效等重大问题的，应当按照程序及时报告财政部、生态环境部等部门"。由此可见，我国环保资金是由环境保护部门和财政部门联合监管。

虽然在各项法律法规中都明确规定了对环保资金进行监管，同时国家也不断强调节能减排和生态保护工作的重要性，但环保财政资金的监管依然还存在经费挪用的问题。近年来，环保资金被挪用的现象屡见不鲜，2008 年审计发现部分地区将挪用环保资金供养超编人员，办公房屋的租赁、改造和建设等，还存在改变资金性质非法高息吸存和投资等其他支出。2013 年审计署发布对能源节约利用、可再生能源和资源综合利用等项目进行审计，发现存在资金挪用、虚假冒领等现象。2016 年财政部监督监察局对我国 9 个省 2013 ~ 2015 年中央大气污染防治专项资金的使用情况进行了检查，发现大气污染防治专项资金存在被挪用和"以拨代付"的现象。环保资金被挪用一部分是由于相关部门对资金的使用范围认识模糊，还有的是因为环保资金的管理制度不够健全，最主要的是因为缺乏有效的环保资金监管机制。因此需要不断加强环保资金的监管，使环保资金都用在环保相关项目上。

三、环保资金绩效评价体系不健全

环保资金投入后是否达到预期的效果需要建立一套环保资金绩效评价体系对其进行评价。2005 年财政部发布了《中央部门预算支出绩效考评管理办法（试行）》，中央部门最先开始对财政资金进行绩效考评。之后便覆盖到所有部门，2009 年财政部发布了《财政部关于进一步推进中央部门预算项目支出绩效评价试点工作的通知》和《财政支出绩效评价管理暂行办法》，之后为了提高财政资金使用效益，于 2011 年重新修订了《财政支出绩效评价管理暂行办法》，此外各地也出台了当地的绩效评价政策方案，纷纷开展了自评审核、重点评价或第三方评价等工作。2017 年党的十九大明确提出要全面实施绩效管理，进一步强调了绩效评价的重要性和紧迫性。2018 年财政部发布了《关于开展 2017 年度中央对地方专项转移支付绩效目标自评工作的通知》，标志我国首次开展了中央对地方专项转移支付绩效目标自评试点工作，其中仅对可再生能源发展专项资金、大气污染防治资金、水污染防治资金、节能减排补助资金、城市管网专项资金和土壤污染防治专项资金共 6 项环保专项资金进行绩效评价，分别对各资金的产出指标、效益指标和满意度指标进行绩效评价。

目前，《水污染防治专项资金绩效评价办法》是我国仅有的一个有关各项环保资金单独的绩效评价政策，由财政部会同环境保护部负责制定水污染防治专项资金绩效评价指标体系，分别对其资金管理、项目管理和产出效益进行评价。与《关于开展 2017 年度中央对地方专项转移支付绩效目标自评工作的通知》对比可以发现，虽然两个文件中的绩效评价指标部分相同，但两者的评价方式有所不同，水污染防治专项资金绩效评价指标体系中各指标均给出了明确的评价标准及分值，而中央对地方专项转移支付绩效目标自评中的评价标准较为模糊，仅将指标完成情况分为全部或基本达成预期指标、部分达成预期指标并具有一定效果、未达成预期指标且效果较差三档，分别对应不同的完成比例。因此，环保资金运用中央对地方专项转移支付绩效目标自评工作中的指标体系对其进行评价，会产生绩效评价针对性不强和结果具有主观性的问题，需要进一步出台各项环保资金绩效评价办法，使环保资金绩效评价更加公正合理。

第六章　我国环保财政支出政策的优化策略

通过对我国环保财政支出政策的环境效应进行理论、现状及实证分析，发现我国环保财政支出政策均有助于促进环境质量的提升，但目前尚存在我国环保财政支出增长稳定性不足，环保财政支出政策的制度设计上存在一些缺陷等问题。因此需要将我国环保财政支出政策进行优化，建立环保财政支出长期稳定的增长机制，完善和探索环保财政支出政策，建立政府为主导的多元化环保投入来源机制，并采取一系列的配套措施，提升我国环保财政支出政策的环境效应。

第一节　建立长期稳定的环保财政支出增长机制

一、建立环保财政支出联动机制

首先，我国环保财政支出占 GDP 的比重过低，需要将环保财政支出与国内生产总值建立联动机制。其次，我国环保财政支出占总财政支出的比重较农业、教育、科技等财政支出的占比低，说明我国对环境保护的重视程度有待提高，需将环境保护提升到与农业、教育、科技等并重的位置上。同时，2018 年开征环境保护税后，环保税收入纳入地方预算收入，由地方财政统一安排财政支出，因此，需要建立地方政府环保财政支出与财政收入的联动机制。

构建环保财政支出与 GDP、财政收入双联动机制，确保节能环保预算财政支出的增长速度高于 GDP 和财政收入的增幅，使环保财政支出规模稳步提高。可以循序渐进地采取以下几种办法：第一，规定当年政府新增财力主要应向节能环保倾斜。第二，规定各级财政预算安排的环保资金高于同期财政总收入的增长幅度。第三，规定环保财政支出应占 GDP 或财政总支出的一定比例。

二、加大中央环保财政支出力度

目前，地方政府为我国环保财政支出的主力，而中央政府在弥补财政实力薄弱地区的环保投入能力和支持具有跨区域意义的重要工程等方面的作用还比较欠缺。由于地方政府环保事权与其财力无法较好的匹配，仅依靠地方政府对环境保护进行资金投入，无法保证日益增长的环保支出需求，只有通过中央政府的转移支付资金与地方环保资金结合，才能满足环保财政资金的需求。同时我国目前跨区域、跨流域，甚至全国性的环境问题越来越多，需要加大中央政府的环保转移支付力度，以带动地方政府和社会对环境保护投入，而且有利于形成多元化投资机制。所以，目前需要转变中央政府环保转移支付资金逐年下降的趋势，提升地方财政支出中中央转移支付占比，以加大中央财政对环保领域的投入。具体的，可以规定中央政府每年新增财政收入中按照 5% ~ 10% 的比例专项用于环境保护。

三、一般性转移支付政策中考虑环境因素

2014 年《关于改革和完善中央对地方转移支付制度的意见》中提出"增加一般性转移支付规模和比例，逐步将一般性转移支付占比提高到 60% 以上"，在此背景下一般性转移支付的重要性愈加凸显。目前我国现有一般性转移支付并未考虑环境因素，并且一般性转移支付的使用未规定具体用途，由地方政府按照相关规定统筹安排和使用。因此可以将生态环境质量因素加入到一般性转移支付制度中，并充分考虑享受一般性转移支付资金的地区环境基本状况、产业结构、环境公共产品供给情况等，并对部分地区如重点生态功能区因为加强环境保护而使经济发展受到限制所产生的机会成本进行补偿。

第二节　完善和探索环保财政支出政策

一、完善国家重点生态功能区转移支付政策

（一）完善生态补偿激励考核机制

2022 年国家重点生态功能区转移支付政策的激励机制为对上年生态环境

质量监测评价结果为明显变好和一般变好的地区予以适当奖励，该地区当年将获得更多的转移支付资金。而生态环境质量的提升具有路径依赖，上年生态环境质量提升较多对当年转移支付政策的环境效应有促进作用。因此，建立国家重点生态功能区生态补偿激励考核机制，将前一期生态环境质量引入考核机制中，建立长效的激励机制。若将上一期生态环境质量引入考核机制中，对上年国家重点生态功能区的考核不仅包括自然生态指标和环境状况指标，还包括上上期生态环境质量考核结果。

（二）规定生态环境质量变差地区的环保资金投入下限

2022 年国家重点生态功能区转移支付政策中规定对生态环境质量监测评价结果为明显变差和一般变差的地区，适当扣减转移支付资金。虽然如此，还提出了"转移支付应补助额（不含考核评价奖惩资金）少于上一年度转移支付预算执行数的，按照上一年度转移支付预算执行数安排"的保障机制。有的省获得转移支付数额少于上年有两个原因，一是财政收支缺口缩小，二是环境质量变差，或者是这两个原因的共同作用导致。从实证结果可以得出，财政收支缺口缩小可以提高转移支付政策的环境效应，而环境质量变差将降低转移支付政策的环境效应。环境质量变差有可能是因为地方政府对环境保护的投入力度不够导致，因此，对于生态环境质量变差的地区，需明确规定其下一年的转移支付资金中投入到环境保护中的比例下限，确保其将足够的资金投入到生态环境保护。

二、完善中央节能环保专项转移支付政策

（一）优化节能环保专项资金投资领域

出现部分项目未按期开完工和部分已经建成的项目没有发挥预期效益这两个问题的原因较多，如一些项目前期准备不充分，项目发生变更或相关单位自筹资金不到位，导致未能按期开工；一些项目因配套工程或产业链上下游关键项目未建成而无法按期完工，或建成了却无法发挥作用；还有的项目由于对风险估计不足或运行管理不严，未能发挥预期效益等。因此，从长期来看，需要总结现有的经验教训，优化节能环保专项资金的投资领域，提高节能环保专项资金的作用。

（二）成立小组专门负责节能环保专项资金使用

节能环保专项资金的使用效率与资金的统筹管理有关，目前多个部门分别对获得的节能环保专项资金进行管理，导致专项资金投入分散，分配管理链条较长等低效率的现象出现。为了解决当前体制下多头管理的问题，可以成立小组专门负责节能环保专项资金的使用，小组成员可以由环保、财政、发改、工信等部门组成，直接对节能环保专项资金从拨付到使用的全过程进行负责，切实保证专项资金的有效使用。

（三）加强对节能环保专项资金的全过程监督

对于中央节能环保专项资金使用过程中存在违规现象、完工项目违规再申报的问题，需要从各个方面加强对节能环保专项资金拨付到使用全过程的监督。可以从以下两个方面加强监督力度：一是以推进绩效管理为目标，构建专项资金事前、事中、事后监管和内部监督与外部检查全方位的监督机制；二是积极推行政务公开，对节能环保专项资金的分配、使用及财政预算等内容，适度向社会公开。

三、完善政府绿色采购政策

（一）完善政府绿色采购法律法规

目前还未出台关于政府绿色采购的法律，2014 年修订的《政府采购法》中提出政府采购的政策目标包括环境保护，2022 年财政部公开修订的《中华人民共和国政府采购法（修订草案征求意见稿）》中也提出，政府采购应当有助于实现经济和社会发展目标，包括节约资源、保护环境等，但对绿色采购的其他内容一概没有做出具体的规定。2014 年出台的《中华人民共和国政府采购法实施条例》中对政府采购活动的当事人、政府采购的方式、政府采购程序等作了一般规定，但对政府绿色采购的采购形式没有作相应规定。因此，政府绿色采购行为不能得到有效的约束，需要完善政府绿色采购的法律法规。可以采取以下办法：第一，在《政府采购法》中加入有关政府绿色采购的条例，明确政府绿色采购的主体、客体及各自的责任、义务等。第二，在《中华人民共和国政府采购法实施条例》中对政府绿色采购的含义、范围、采购方式、采购程度、采购合同等进行进一步规范，明确利益相关者之间的权利和义务，对采购双方的行为进行制度化的约束。

（二）提高政府绿色采购标准

2019 年之前，政府绿色采购是优先或强制采购《环境标志产品政府采购清单》和《节能产品政府采购清单》中的产品，清单中产品需要通过环境标志认证或节能产品认证。2019 年之后，对政府采购节能产品、环境标志产品实施品目清单管理，并依据品目清单和认证证书实施政府优先采购和强制采购。本书研究发现当技术创新达到一定水平时会削弱政府绿色采购政策的环境效应，因此需随着我国绿色技术逐渐进步，应随之提高列入政府绿色采购清单中产品的节能环保标准门槛，使符合清单品目标准的产品和不符合清单品目标准的产品在节能环保上具有显著性差异，才能引导企业绿色技术创新，生产绿色产品。

（三）扩大政府绿色产品采购范围

2019 年财政部与发展改革委联合出台的《节能产品政府采购品目清单》共 18 个品目，与第二十四期《节能产品政府采购清单》相比，节能品目清单的品目和产品种类数量大幅"缩水"；财政部与生态环境部联合出台的《环境标志产品政府采购品目清单》共 50 个品目，相比《第二十二期环境标志产品政府采购清单》，品目和产品种类数量有所"扩容"。尽管品目数量和种类有较大变化，但从整体的形成方式、内容、调整时间、制定成本方面也存有差异。品目管理更加简单、明晰，节约了政府行政成本和企业生产成本，激发市场活力，能使采购各方当事人享受到"政策红利"。因此，政府应简化相关手续、进一步扩大品目范围，鼓励更多市场主体参与。

四、探索生态补偿横向转移支付制度

我国目前出现越来越多的划区域、跨流域或者全国性的环境问题，全国性的环境问题应由中央政府出资解决，而具有明显地域性特征的环境问题应由这个区域内的地方政府共同解决，即通过生态补偿横向转移支付来解决地域性的环境问题。因此，横向转移支付可以作为中央纵向转移支付的补充。横向转移支付是指生态补偿横向转移支付是指对在某一区域内为保护和恢复生态环境及其功能而付出代价、做出牺牲的单位和个人进行经济补偿时采用同级的各地方政府之间财政资金的相互转移的制度安排。与纵向转移支付相比，横向转移支付可以比较好地解决财力均等化和外部性的问题。然而目前

我国还未建立起成熟的生态补偿横向转移支付制度，仅在部分区域进行了探索，且地方政府在此方面的积极性不高。

目前我国生态补偿横向转移支付仅两种类型，一是省内流域生态补偿，在行政辖区内的流域开展了流域生态补偿工作。二是对口支援，即经济较发达地区对经济不发达地区的对口支援。由于环保事权与其支出责任划分不明确、缺乏技术和人才的支持和缺乏法律政策依据、政府间协商交易成本高等问题，生态补偿横向转移支付制度需进一步探索（白洁，2017）。可以从以下几个方面进行探索：

第一，加强生态补偿横向转移支付法律法规建设。将横向转移支付制度写入《中华人民共和国预算法》（以下简称《预算法》），为了明确中央与地方政府、地方与地方政府之间的转移支付关系，将生态补偿横向转移支付制度加入到《预算法》中。另外，需要加强横向转移支付的规范化和法制化，明确生态补偿横向转移支付的具体内容，如转移支付范围、方式、标准等，并加强横向转移支付的监督和考察。

第二，采取多种形式的生态补偿横向转移支付方式。横向转移支付通常是以资金的形式进行补偿，但当资金有限时，采取多种形式的生态补偿横向转移支付方式，一方面，可以通过人才支持的方式，给提供环境公共产品的地区提供教育资源和人力资源；另一方面，可以通过技术支援的方式，给提供环境公共产品的地区提供技术支持，如提供一定期限的专利技术使用权。

第三，扩大生态补偿横向转移支付政策的范围。2016 年出台了《关于健全生态保护补偿机制的意见》，提出生态补偿范围要拓展到多个领域，保证全民覆盖。因此不应局限于已有的横向转移支付范围，进一步探索其他范围的生态补偿横向转移支付。

第三节 建立多元化的环保投入来源机制

政府财政投入是环境保护的主要资金来源，由于环境污染问题形成的历史周期长、影响范围广、治理资金需求量大，仅仅依靠政府财政投入难以满足环境污染治理的需求。因此，在不断增加环保财政资金投入的同时，引导和鼓励多方共同参与环境保护投入，建立以政府环保投入为主导的多元化环保投入来源机制，推进环保类 PPP 模式，构建绿色金融体系等以加大对生态环保领域投资。

一、推进环保类 PPP 模式

在环保领域推进政府与社会资本合作，是目前解决环保领域投入不足的一个重要举措。推进环保类 PPP 模式有以下几点优点：第一，可以拓展环保资金来源，降低政府的资金风险，促进环保产业投资主体多元化；第二，提高了资金使用效率，有助于提升环境公共产品和服务供给质量和效率；第三，通过社会资本的加入，引进新的经营管理模式和科学技术。

近年来，我国出台了一系列政策推进并指导政府和社会资本在环保领域合作。2016 年 3 月，国家能源局印发了《关于在能源领域积极推广政府和社会资本合作模式的通知》，该通知详细提出通过运用 PPP 模式，改革新型能源领域公共服务供给机制；2016 年 9 月住房城乡建设部印发了《关于进一步鼓励和引导民间资本进入城市供水、燃气、供热、污水和垃圾处理行业的意见》，该意见明确鼓励民间资本通过 PPP 模式参与国有企业改制重组、股权认购等进入市政行业；2017 年 7 月财政部等 4 部委印发了《关于政府参与的污水、垃圾处理项目全面实施 PPP 模式的通知》，该通知明确了政府参与的新建污水、垃圾处理项目必须采用 PPP 模式；2017 年 9 月发布的《关于进一步激发民间有效投资活力促进经济持续健康发展的指导意见》，鼓励民间资本采取多种方式，参与投资规模较大的 PPP 项目。在国家政策推动下，我国生态建设和环境保护 PPP 项目发展态势优良。根据财政部政府和社会资本合作中心项目管理库数据。

2017 年底出台政策开始清理不合规的 PPP 项目，提高了环保类 PPP 项目门槛，但有助于提升环保类 PPP 项目的质量。2017 年 11 月出台的《关于规范政府和社会资本合作综合信息平台项目库管理的通知》，要求清理尚未进入采购阶段但所属本级政府当前及以后年度财政承受能力已超过 10% 上限的项目。与此同时，国资委发布《关于加强中央企业 PPP 业务风险管控的通知》，要求各中央企业对 PPP 业务实行总量管控，从严设定 PPP 业务规模上限防止过度推高杠杆水平。在此背景下，在环保领域推进 PPP 项目需要结合自身特点，将资金用于最为急需且具备实施条件的环保类 PPP 项目；同时，加强环保类 PPP 项目的政策引导和模式创新；加强环保类 PPP 项目的监管，提升其环境效益。

二、构建绿色金融体系

2015 年发布的《生态文明体制改革总体方案》首次明确提出要"建立我国绿色金融体系"①。2016 年人民银行等七部门发布的《关于构建绿色金融体系的指导意见》，指出绿色金融体系是指通过绿色信贷、绿色债券、绿色股票指数和相关产品、绿色发展基金、绿色保险、碳金融等金融工具和相关政策支持经济向绿色化转型的制度安排②。其中，绿色信贷、绿色债券、绿色发展基金和环保融资租赁均可作为环保投入的资金来源。

（一）大力发展绿色信贷

我国绿色金融的发展主要集中于绿色信贷。绿色信贷政策通过作用于企业的融资链条，提高企业的准入门槛，促使企业的环境友好表现，并倒逼"三高"型企业的推出或升级改造，是一种政策效果显著的绿色政策。目前，绿色信贷包括两大部分：一是支持节能环保、新能源、新能源汽车等 3 大战略性新兴产业生产制造端的贷款；二是支持节能环保项目和服务的贷款，主要包括绿色农业开发项目，可再生能源及清洁能源项目、节能环保服务项目等共 12 大项目类型③。

2007 年我国绿色信贷正式实施，国家环保总局等 3 个部门联合制定的《关于落实环境保护政策法规防范信贷风险的意见》，对不符合产业政策和环境违法的企业和项目进行信贷控制。之后，国家相关部门出台了一系列政策推动了绿色信贷机制的形成。以 2012 年颁布的《绿色信贷指引》为核心和纲领性文件，以 2013 年颁布的《绿色信贷统计制度》和 2014 年印发的《绿色信贷实施情况关键评价指标》为两大基石，对中国银行业金融机构开展绿色信贷进行了有效的规范、促进和激励。自绿色信贷政策开始实施以来，绿色信贷总体规模不断上升，我国绿色信贷余额从 2013 年的 5.2 万亿元增长至 2021 年的 15.9 万亿元，清洁能源产业绿色信贷余额突破 3 万亿元。④ 虽然目前我国绿色信贷机制已基本形成，但还未对绿色信贷进行立法，因此下一步

① 中共中央，国务院. 生态文明体制改革总体方案［Z］. 2015.
② 中国人民银行等. 关于构建绿色金融体系的指导意见［Z］. 2016.
③ 中国银行业监督管理委员会. 绿色信贷统计信息披露说明［Z］. 2018.
④ 中国银行业监督管理委员会. 21 家国内主要银行绿色信贷统计数据汇总表（201706）［Z］. 2018.

需要对绿色信贷进行立法，合理界定绿色信贷相关法律主体权利、义务、责任以及绿色信贷客体等，并合理制定绿色信贷的法律操作程序以及法律主体责任的追究机制等。此外，下一步还需逐步完善绿色信贷体系中的约束激励机制，并创新绿色信贷产品，以推动绿色信贷长期有效实施。

（二）推进绿色债券发展

绿色债券是政府、金融机构等承诺按一定利率支付利息向投资者发行，并按约定条件偿还本金的债权债务凭证，且募集资金的最终投向应为符合规定条件的绿色项目。绿色债券标准主要有 5 个文件：一是 2015 年中国人民银行发布的《在银行间债券市场发行绿色金融债券的公告》和随同发布的中国金融学会绿色金融专业委员会编制的《绿色债券支持项目目录（2015 年版）》，规定了绿色债券审批与注册、第三方评估、评级以及信息披露等具体执行标准，对节能技改项目的具体技术类别、新能源开发项目的能源转化效率等等，都依据国家标准和行业政策制定了非常详细、严格的技术标准；二是国家发改委发布的《绿色债券发行指引》，细化了绿色项目的分类与界定，以及鼓励对绿色债券的优惠措施；三是 2016 年上海证券交易所发布的《关于开展绿色公司债券试点的通知》从债券挂牌交易实务的角度，对前述两项标准进行了补充；四是中国人民银行、国家发改委、证监会日前联合发布《绿色债券支持项目目录（2021 年版）》，专门用于界定和遴选符合各类绿色债券支持和适用范围的绿色项目和绿色领域的专业性目录清单；五是绿色债券标准委员会发布的《中国绿色债券原则》，标志着国内初步统一、与国际接轨的绿色债券标准正式建立。

发行绿色债券有以下几点优势：一是缓解了环保企业融资贵问题。大多数环保企业面临前期投资较大且其技术相对不太成熟的问题，导致多数企业的投资风险较高，而绿色债券有助于减少银行间融资的交易成本。二是缓解了环保企业融资难的问题。银行融资期限一般来说较短，而绿色债券避免了难以从银行长期融资的问题；此外，环保企业若作为普通债券的发行主体，暂时无法达到监管部门和市场所需满足的要求，但这些企业所拥有的绿色项目前景良好、受到相关部门支持、有足够的现金流支持还款，则可通过将来可能专设的"绿色通道"，发行绿色债券，解决融资难的问题。[①] 虽然中国的

---

① 王遥，徐楠. 中国绿色债券发展及中外标准比较研究［J］. 金融论坛，2016，21（02）：29 - 38.

绿色债券刚刚起步，但中国已是全球最大的绿色债券发行国。2014 年国际金融公司发行了世界上第一笔人民币绿色债券，2018 年就成为世界第二大绿色债券来源国，2021 年绿色债券市场又出现明显扩容，2021 年发行量达到6110 亿元。从存量上来看，也呈现年度上升的趋势，截至 2022 年 4 月末，绿色债券存量已经达到 1.25 万亿元。为了进一步推进中国绿色债券的发展，需要完善绿色债券信息披露标准，构建跟踪评价体系。

（三）完善绿色发展基金

绿色发展基金是为了发展低碳经济、促进减排节能、实现环保目标而构建的专项基金，可广泛应用于和环保相关的行业产业之中。我国绿色发展基金起步较晚，"十三五"规划中明确提出设立绿色发展基金。2016 年《关于构建绿色金融体系的指导意见》进一步对绿色发展基金的设立指出了明确的方向，第一，支持设立各类绿色发展基金，实行市场化运作。第二，地方政府可通过放宽市场准入、完善公共服务定价、实施特许经营模式等措施，完善收益和成本风险共担机制，支持绿色发展基金所投资的项目。第三，支持在绿色产业中引入 PPP 模式，鼓励各类绿色发展基金支持以 PPP 模式操作的相关项目。截至 2020 年末，与绿色生态、低碳环保、环境治理、清洁能源等绿色发展方向相关的私募基金超过 500 只，管理规模逾 2000 亿元；绿色公募基金数量为 87 只。2020 年成立国家绿色发展基金，总规模 885 亿元。由于完全私营和完全政府公益模式的不可持续性，未来将 PPP 模式引入绿色发展基金中是必然趋势。绿色发展基金作为一种金融工具，只负责项目的融资，实现最大利益是其做出相应决策的内在动力和出发点。通过 PPP 模式，项目融资、运营和建设能够实现有机结合，缓解普遍存在的中小企业难以有效融资的桎梏。[①]

（四）探索环保融资租赁

目前，国内工业企业上环保项目大多采用 EPC、BOT、PPP 等商业模式，而这些模式对资金的要求都很高，融资租赁对于中小型环保企业是一个较理想的融资渠道。融资租赁的操作模式为融资租赁公司作为出租方向环保设备生产商购买环保设备，环保企业作为承租方向融资租赁公司租赁环保设备，

---

① 史田源. PPP 模式下绿色发展基金可持续发展问题研究 [D]. 郑州：郑州大学, 2017.

并向融资租赁公司付租金，在租期届满之前，设备的所有权归属出租方，租期届满之后，设备所有权由出租方转移到承租方。环保企业运用融资租赁的是通过融物的形式变相融资，可以将本来用于购买环保设备的资金投入到其他生产中。因此，融资租赁对于环保企业来说可以缓解其流动资金压力，不仅可以解决设备承租方的资金短缺问题，还可以解决设备供货方的回款压力。除此之外融资租赁运用于环保行业还具有四点优势：第一，融资租赁属于表外融资，不体现在企业财务报表的负债中，降低企业的资产负债率，因此不影响企业的资信状况；第二，融资租赁利率略高于银行，但融资期限更长；第三，融资租赁可加速设备的折旧；第四，融资租赁标的物逐渐由单一的环保设备向工程及附属权益扩展，融资租赁形式更加灵活。

第四节 提高环保财政支出政策环境效应的配套措施

加强科学技术创新、合理划分环境事权、提升环境保护观念等均能提高我国环境保护财政支出政策的环境效应，即促进环保财政支出政策更有效地提升环境质量。

一、加强科学技术创新

本书研究发现，技术进步可以提高环保财政支出政策的环境效应。因此，需要加强我国的技术创新。目前技术创新主要分为三种：一是提高现有资源与能源的利用效率，从而实现单位能耗和污染物排放量的减少；二是提高污染物的治理效率，从而减少单位污染物排放；三是开发清洁新能源。我国绝大多数企业都缺少核心技术，主要是因为资金投入不足导致技术创新水平不高。因此需要从政府和企业两个方面加大对技术创新的资金投入。

第一，政府加大对技术创新型人才的引导。一是鼓励国内人才去国外进行学习和深造，学习国外先进的技术，给予其国外学习期间的基本补助，对于学习成果有突出影响的给予奖励；二是扩大企业研发费用部分抵扣应缴的所得税的范围；三是给予高新技术企业一定的税收优惠。

第二，加强技术创新和高新科技成果商品化、产业化。一是要加强对其方向和重点的宏观引导；二是要深化体制改革促进企业成为创新主体。

二、合理划分环境事权

政府环境事权的管辖范围影响与环境问题的影响范围相对应。如果环境的影响范围是地方性的，应由地方政府给本辖区提供环境公共产品及服务，并提供相应的资金支持；如果影响范围是跨区域的，需要区域内的地方政府共同协商、管理，并提供相应的资金支持；如果环境影响范围是全国范围的，应该由中央政府进行管理并提供相应的资金支持。而我国近年来环境污染问题呈现区域性甚至全国性的特点，因此需要将环境事权适当上移，或增加环保区域责任主体。

第一，环境事权适当上移。地方过大的环境管理权将会影响区域性环境污染治理，因此需适当地将环境事权上移，由中央政府更多地负担环境保护的责任，统筹环境跨区域治理。

第二，增加跨区域污染防治责任主体。地方政府在处理区域性环境问题时往往具有"搭便车"的心理，并且我国各地环保财政支出资金有限，导致地方政府对这种跨区域性的环境问题投入积极性不高。因此，跨区域污染治理是难点中的难点，需要在生态环境部下设区域性管理机构，作为跨区域污染防治责任主体，赋予其执法权，成为统领全区域环境保护的行政机构。

三、构建绩效评价体系

为了提高环保专项资金的使用效益，提高资金使用的规范性、安全性和有效性，使其更好地用于改善环境质量，需要建立环保专项资金绩效评价体系。首先，目前仅针对水污染防治资金出台了《城市管网专项资金绩效评价暂行办法》《水污染防治专项资金绩效评价办法》《土壤污染防治专项资金绩效评价管理暂行办法》，还需针对清洁能源发展专项资金、大气污染防治资金、退耕还林还草工程财政专项资金和农村环境整治资金分别出台相应的绩效评价办法。其次，在环保专项资金绩效评价指标选取的过程中，需要注重不同专项资金之间的共性和个性。共性指标主要是指资金管理和项目管理指标，资金管理指标考察资金分配是否科学、合理、及时，资金使用是否规范、安全，资金的管理措施是否健全、有效，预算是否按进度执行，项目管理指标考察项目是否按计划开工和完工，项目吸引社会资本投资的情况，项目管理的规范性、有效性。个性指标主要是指产出和效益指标，由于专项资金投入的领域不同，其产出和效益也各不相同，无法形成统一的指标，因此需要针对不同的项目采用不同的指标进行评价。最后，各指标需要规定明确、合理的评价标准。如有些环保专项资金的经济效益不大，应赋予其经济效益指标较小的权重，引导资金的使用专注于改善环境质量。

四、不断完善绿色税制

我国支持环境保护的财政政策，除了运用一系列环保财政支出政策外，还可以运用环保财政收入政策，目前我国有关环保的财政收入政策主要是指绿色税制。绿色税制是一个国家的税收制度具有环境保护的特点，根据使用者付费原则，调整税收种类和范围，使其环境外部成本内部化。绿色税制是以环境保护税为主体，与环境保护相关的税种如资源税、车辆购置税、企业所得税、增值税等共同构建形成的绿色税收体系。目前，我国已经开始实施环保税。2016 年全国人大常委会表决通过《中华人民共和国环境保护税法》并于 2018 年 1 月 1 日开始实施，这是我国首个以环境保护为目标的税种，环保税使环境污染的外部性内部化，通过价格信号来调节污染排放，倒逼企业治污减排，促进技术创新。环保税的实施是我国完善绿色税制的第一步，需要继续不断完善绿色税制。主要从 3 个方面进行完善：第一，扩大环保税的覆盖范围。目前仅对大气污染物、水污染物、固体废物和噪声这四类征收环保税，而碳排放是伴随着能源消耗的一个重要指标，需要将碳排放也列入纳税范围。此外，有些被纳入免征环保税的排放源已日益成为我国环境污染的主要排放源，需要将这些排放源也纳入征税范围。第二，提高税率水平。由于我国环保税税率的设置标准根据排污费的收费标准制定，而排污费远低于企业治理污染的成本，导致我国污染排放较多，因此现行环保税税率普遍偏低，需提高税率水平。此外，绿色税制建立不仅需要完善环保税，还需要绿化其他税种，对税收的范围、税率和征收方式做出相应的调整，同时还要避免重复征税。

五、加强环境保护宣传

观念决定了行为，因此提升个人和政府的环境保护观念直接影响了其环境保护行为。从我国环保财政支出政策的发展历程可以看出，我国环保财政支出政策是在政府具有环境保护观念后才制定的。相对于西方工业国家，我国的环境保护观念产生较晚。一方面，我国是一个农业大国，在相当长的历史时期农业现代化程度不高，传统农业方式对环境破坏较少或不明显，环境保护观念意识不强。另一方面，新中国成立后，我国的工业化水平相对落后，工业化对环境的影响较小，也没有催生出现代环境保护观念。同时，在现代工业化较落后的地方，因环境保持原貌较好，也不会产生现代环境保护观念。整体上来说，新中国在大力进行工业化生产之前，没有足够浓厚的环境保护意识。反映在政府层面上，也就没有相应明确的环境立法和相应的财政支出政策。改革开放以后，工业化快速发展出现一系列环境问题，人们才逐渐形成环境保护观念，开始对环境保护开始立法。直到 20 世纪后，环境凸显导致人们意识到环境污染已制约了我国经济的发展，此时才制定了一系列环保财政支出政策直接或间接地投入保护环境中。

目前，"绿色发展"已成为我国新发展理念之一，说明从国家层面上已经形成了较强的保护环境观念。在国家大的发展方针下需进一步加强公众的环境保护意识，寻找有效的途径加强环境保护宣传，并加大对环境问题的监管力度，激发环保意识，提升公众的环境保护观念。

参 考 文 献

[1] 曹润林, 张景华. 中国政府采购发挥节能环保效应了吗——来自省级面板数据的实证分析 [J]. 贵州财经大学学报, 2015 (04): 25-33.

[2] 陈福祜. 环境经济学 [M]. 北京: 高等教育出版社, 1993.

[3] 陈共. 财政学 (第九版) [M]. 北京: 中国人民大学出版社, 2017.

[4] 陈焱光. 罗尔斯代际正义思想及其意蕴 [J]. 伦理学研究, 2006 (05): 8-12.

[5] 成艾华, 雷振扬. 民族地区碳排放效应分析与低碳经济发展 [J]. 民族研究, 2011 (06): 14-20, 108.

[6] 程亮, 武娟妮, 逯元堂, 等. 大气污染防治专项资金实施政策建议 [A]. 2017 中国环境科学学会科学与技术年会论文集 (第一卷). 中国环境科学学会, 2017: 5.

[7] 但德忠. 环境监测 [M]. 北京: 高等教育出版社, 2006: 6.

[8] 董艳霞. 我国政府绿色采购制度构建研究 [D]. 兰州: 兰州大学, 2010.

[9] 董战峰, 葛察忠, 王金南, 等. "十一五" 环境经济政策进展评估——基于政策文件统计分析视角 [J]. 环境经济, 2012 (10): 22-31.

[10] 范子英, 张军. 财政分权与中国经济增长的效率——基于非期望产出模型的分析 [J]. 管理世界, 2009 (07): 15-25, 187.

[11] 傅京燕, 章扬帆, 乔峰. 以政府绿色采购引领绿色供应链的发展 [J]. 环境保护, 2017, 45 (06): 42-46.

[12] 傅勇, 张晏. 中国式分权与财政支出结构偏向: 为增长而竞争的代价 [J]. 管理世界, 2007 (03): 4-12, 22.

[13] 顾程亮, 李宗尧, 成祥东. 财政节能环保投入对区域生态效率影响的实证检验 [J]. 统计与决策, 2016 (19): 109-113.

[14] 国家发展和改革委员会. 绿色债券发行指引 [Z]. 2015.

[15] 何立环, 刘海江, 李宝林, 等. 国家重点生态功能区县域生态环境质量考核评价指标体系设计与应用实践 [J]. 环境保护, 2014, 42 (12): 42 – 45.

[16] 何明刚. 环保类转移支付对地方环保支出规模的影响 [J]. 财会研究, 2021 (04): 14 – 17.

[17] 贾蒙蒙. 我国政府绿色公共采购的环境效益评估研究 [D]. 北京: 北京建筑大学, 2017.

[18] 贾品荣. 技术进步是低碳发展的核心驱动力 [N]. 中国经济时报, 2018 – 04 – 10 (005).

[19] 姜楠. 环保财政支出有助于实现经济和环境双赢吗? [J]. 中南财经政法大学学报, 2018 (01): 95 – 103.

[20] 孔德帅, 李铭硕, 靳乐山. 国家重点生态功能区转移支付的考核激励机制研究 [J]. 经济问题探索, 2017 (07): 81 – 87.

[21] 李敦瑞. 基于污染密集产业转移的 FDI 环境外部性代际效应研究 [J]. 科技进步与对策, 2012, 29 (06): 70 – 72.

[22] 李国平, 刘倩, 张文彬. 国家重点生态功能区转移支付与县域生态环境质量——基于陕西省县级数据的实证研究 [J]. 西安交通大学学报 (社会科学版), 2014, 34 (02): 27 – 31.

[23] 李宏岳. 我国地方政府环保财政支出和环保行为的环境治理效应实证研究 [J]. 经济体制改革, 2017 (04): 130 – 136.

[24] 李永友, 沈坤荣. 辖区间竞争、策略性财政政策与 FDI 增长绩效的区域特征 [J]. 经济研究, 2008 (05): 58 – 69.

[25] 李云燕. 论循环经济运行机制——基于市场机制与政府行为的分析 [J]. 现代经济探讨, 2010 (09): 10 – 13.

[26] 刘炯. 生态转移支付对地方政府环境治理的激励效应——基于东部六省 46 个地级市的经验证据 [J]. 财经研究, 2015, 41 (02): 54 – 65.

[27] 刘伟明, 王明, 吴志军, 赖新峰. 长江经济带环境质量和经济增长的双向互动关系及空间分异 [J]. 经济地理, 2022, 42 (04): 54 – 64.

[28] 刘强, 彭晓春, 周丽璇, 等. 生态补偿机制相适应的财政转移支付制度研究 [A]. 环境公共财税政策国际研讨会论文集 [C]. 中国环境科学协会环境经济学会, 2009: 47 – 53.

［29］刘晓佳. 完善我国环境保护财政政策体系研究［D］. 北京: 财政部财政科学研究所, 2010.

［30］陆雄文. 管理学大辞典［M］. 上海: 上海辞书出版社, 2013.

［31］逯元堂, 吴舜泽, 葛察忠, 等. 环境公共财政: 实践与展望［M］. 北京: 中国环境科学出版社, 2010.12: 6.

［32］逯元堂. 中央财政环境保护预算支出政策优化研究［D］. 北京: 财政部财政科学研究所, 2011.

［33］缪小林, 赵一心. 生态功能区转移支付对生态环境改善的影响: 资金补偿还是制度激励?［J］. 财政研究, 2019 (05): 17－32.

［34］潘孝珍. 财政分权与环境污染: 基于省级面板数据的分析［J］. 地方财政研究, 2009 (07): 29－33, 48.

［35］祁毓, 卢洪友, 徐彦坤. 中国环境分权体制改革研究: 制度变迁、数量测算与效应评估［J］. 中国工业经济, 2014 (01): 31－43.

［36］秦鹏. 政府绿色采购: 逻辑起点、微观效应与法律制度［J］. 社会科学, 2007 (07): 69－76.

［37］全国人民代表大会常务委员会. 中华人民共和国环境保护法［Z］. 2020.

［38］全国人民代表大会常务委员会. 中华人民共和国预算法［Z］. 2018.

［39］世界环境与发展委员会. 我们共同的未来［M］. 北京: 世界知识出版社, 1989.

［40］上海证券交易所. 关于开展绿色公司债券试点的通知［Z］. 2016.

［41］沈可挺, 龚健健. 环境污染、技术进步与中国高耗能产业——基于环境全要素生产率的实证分析［J］. 中国工业经济, 2011 (12): 25－34.

［42］史丹, 吴仲斌. 支持生态文明建设中央财政转移支付问题研究［J］. 地方财政研究, 2015 (03): 74－79, 96.

［43］史田源. PPP 模式下绿色发展基金可持续发展问题研究［D］. 郑州: 郑州大学, 2017.

［44］宋健. 走可持续发展道路是中国的必然选择［J］. 环境保护, 1996 (05): 2－4.

［45］苏明, 刘军民, 张洁. 促进环境保护的公共财政政策研究［J］. 财政研究, 2008 (07): 20－33.

［46］孙刚. 污染、环境保护和可持续发展［J］. 世界经济文汇, 2004

（05）：47 - 58.

　　［47］谭志雄，张阳阳．财政分权与环境污染关系实证研究［J］．中国人口·资源与环境，2015，25（04）：110 - 117.

　　［48］田丹．中国财政收支政策的环境效应实证研究［D］．武汉：武汉大学，2014.

　　［49］田嘉莉，付书科，刘萧玮．财政支出政策能实现减污降碳协同效应吗？［J］．财政科学，2022（02）：100 - 115.

　　［50］田淑英，董玮，许文立．环保财政支出、政府环境偏好与政策效应——基于省际工业污染数据的实证分析［J］．经济问题探索，2016（07）：14 - 21.

　　［51］托马斯·思德纳．环境与自然资源管理的政策工具［M］．上海：上海人民出版社，2005.

　　［52］王金秀，汪博兴，吴胜泽．论中国政府采购的政策功能及其实施途径［J］．中国政府采购，2006（02）：18 - 24.

　　［53］王启，郭爽．大气污染治理的财政支出政策效果研究——基于京津冀及周边地区面板数据分析［J］．财政科学，2019（07）：64 - 74.

　　［54］王亚菲．公共财政环保投入对环境污染的影响分析［J］．财政研究，2011（02）：38 - 42.

　　［55］王亚菲．中国资源消耗与经济增长动态关系的检验与分析［J］．资源科学，2011，33（01）：25 - 30.

　　［56］王遥，徐楠．中国绿色债券发展及中外标准比较研究［J］．金融论坛，2016，21（02）：29 - 38.

　　［57］徐鸿翔，张文彬．国家重点生态功能区转移支付的生态保护效应研究——基于陕西省数据的实证研究［J］．中国人口·资源与环境，2017，27（11）：141 - 148.

　　［58］徐祯，吴海滨．全要素生产率与环境污染：基于省级面板数据的实证研究［J］．生态经济，2018，34（04）：104 - 107，113.

　　［59］许光．生态文明视角下政府绿色采购的效应分析与障碍突破［J］．生态经济，2011（03）：121 - 125.

　　［60］薛钢，潘孝珍．财政分权对中国环境污染影响程度的实证分析［J］．中国人口·资源与环境，2012，22（01）：77 - 83.

　　［61］杨光梅，闵庆文，李文华，等．我国生态补偿研究中的科学问题

[J]. 生态学报, 2007 (10): 4289 - 4300.

[62] 杨云彦. 人口、资源与环境经济学 [M]. 武汉: 湖北人民出版社, 2011: 160 - 215.

[63] 杨志安, 沈莉. 推行政府绿色采购 建立环境友好型社会 [J]. 中国政府采购, 2005 (12): 17 - 19.

[64] 余长林, 杨惠珍. 分权体制下中国地方政府支出对环境污染的影响——基于中国 287 个城市数据的实证分析 [J]. 财政研究, 2016 (07): 46 - 58.

[65] 詹姆斯·布坎南. 寻求租金和寻求利润 [M]. 北京: 中国经济出版社, 1993.

[66] 张帆. 环境与自然资源经济学 [M]. 上海: 上海人民出版社, 1998.

[67] 张凤. 生态文明视角下政府绿色采购研究 [D]. 长春: 吉林财经大学, 2015.

[68] 张克中, 王娟, 崔小勇. 财政分权与环境污染: 碳排放的视角 [J]. 中国工业经济, 2011 (10): 65 - 75.

[69] 张文彬, 李国平. 国家重点生态功能区转移支付动态激励效应分析 [J]. 中国人口·资源与环境, 2015, 25 (10): 125 - 131.

[70] 张玉. 财税政策的环境治理效应研究 [D]. 济南: 山东大学, 2014.

[71] 张玉. 中国财税政策的环境治理效应研究——基于省级面板数据的实证分析 [J]. 经济问题, 2016 (10): 43 - 46.

[72] 赵瑞雪. 河北省财政支出对环境的影响效应分析 [D]. 保定: 河北大学, 2010.

[73] 郑雪. 我国政府绿色采购改革问题研究 [D]. 北京: 首都经济贸易大学, 2016.

[74] 郑周胜. 中国式财政分权下环境污染问题研究 [D]. 兰州: 兰州大学, 2012.

[75] 中共中央、国务院. 生态文明体制改革总体方案 [Z]. 2015.

[76] 中国共产党中央委员会. 中共中央关于深化党和国家机构改革的决定 [Z]. 2018.

[77] 中国金融学会绿色金融专业委员会. 绿色债券支持项目目录

(2015 年版)［Z］. 2015.

［78］中国人民银行. 在银行间债券市场发行绿色金融债券的公告
［Z］. 2015.

［79］中国人民银行等. 关于构建绿色金融体系的指导意见［Z］. 2016.

［80］中国银行业监督管理委员会. 21 家国内主要银行绿色信贷统计数
据汇总表（201706）［Z］. 2018.

［81］中国银行业监督管理委员会. 绿色信贷统计信息披露说明［Z］. 2018.

［82］中华人民共和国财政部. 工业企业结构调整专项奖补资金［Z］. 2018.

［83］中华人民共和国财政部. 节能减排补助资金管理暂行办法［Z］. 2021.

［84］中华人民共和国财政部. 清洁能源发展专项资金管理暂行办法
［Z］. 2020.

［85］中华人民共和国财政部等. 农村环境整治资金管理办法［Z］. 2021.

［86］中华人民共和国财政部等. 大气污染防治资金管理办法［Z］. 2021.

［87］中华人民共和国财政部等. 水污染防治资金管理办法［Z］. 2021.

［88］中华人民共和国财政部等. 土壤污染防治资金管理办法［Z］. 2022.

［89］中华人民共和国财政部等. 城市管网及污水处理补助资金管理办
法［Z］. 2021.

［90］中华人民共和国审计署. 2017 年第 9 号公告：18 个省节能环保重
点专项资金审计结果［Z］. 2017.

［91］周国梅，陈燕平，夏光. 政府绿色采购制度的政策作用机制［J］.
环境保护，2007（16）：41 - 44.

［92］朱小会，陆远权. 开放经济、环保财政支出与污染治理——来自
中国省级与行业面板数据的经验证据［J］. 中国人口·资源与环境，2017,
27（10）：10 - 18.

［93］祝愿. 促进广东省环境保护的财政支出政策研究［D］. 广州：广
东财经大学，2015.

［94］Arrow, Kenneth J. Social Choice and Individual Values［M］. New
York：Wiley, 1951.

［95］Banzhaf H S Chupp. Heterogeneous Harm vs. Spatial Spillovers：Envi-
ronmental Federalism and US Air Pollution［R］. Working Paper, NBER, 2010.

［96］Barman T R, Gupta M R. Public Expenditure, Environment, and Eco-
nomic Growth［J］. Journal of Public Economic Theory, 2010, 12（6）：1109 - 1134.

［97］ Blackman A，Kildegaard A. Clean technological change in developing-country industrial clusters: Mexican leather tanning ［J］. Environmental Economics and Policy Studies，2010，12 （3）: 115 – 132.

［98］ Bostan I，Onofrei M，Dascalu E D，Frtescu B，Toderascu C. Impact of Sustainable Environmental Expenditures Policy on Air Pollution Reduction，during European Integration Framework ［J］. Amfiteatru Economic Journal，2016，18 （42）: 286 – 302.

［99］ David L Weimer，Aidan R Vining. Policy analysis: Concepts and practice，Engle ［M］. New Jersey: Wood Cliffs，1992: 113 – 130.

［100］ Elif，Yakir P，Dafna. Recycled effluent: should the polluter pay? ［J］. American Journal of Agricultural Economics，2001，83 （5）: 958 – 971.

［101］ Erdmenger C. The financial power and environmental benefits of green purchasing ［J］. Buying into the Environment: Experiences，2003 （19）: 115 – 133.

［102］ Feng Hailin，Liu Zhen，Wu Jian，Iqbal Wasim，Ahmad Wasim，Marie Mohamed. Nexus between Government spending's and Green Economic performance: Role of green finance and structure effect ［J］. Environmental Technology & Innovation，2022.

［103］ Francesco de Leonardis. Green Public Procurement: From Recommendation to Obligation ［J］. International Journal of Public Administration，2011 （1）: 110 – 113.

［104］ Goldar B，Banerjee N. Impact of informal regulation of pollution on water quality in rivers in India ［J］. Journal of Environmental Management，2004，73 （2）: 117 – 130.

［105］ Grossman，G M，A B Krueger. Environmental Impacts of a North American Free Trade Agreement ［R］. NBER Working Papers，1991 （3）: 19 – 34.

［106］ Irene Ring. Ecological public functions and fiscal equalisation at the local level in Germany ［J］. Ecological Economics，2002，42: 415 – 427.

［107］ Irene Ring. Integrating local ecological services into intergovernmental fiscal transfers: The case of the ecological ICMS in Brazil ［J］. Land Use Policy，2007，25 （4）: 485 – 497.

［108］ Laplante B，Rilstone P. Environmental Inspections and Emissions of the Pulp and Paper Industry in Quebec ［J］. Journal of Environmental Economics and Management, 1996, 31 (1): 19 - 36.

［109］Levinson A. Technology, international trade, and pollution from US manufacturing ［J］. American Economic Review, 2009, 99: 5, 2177 - 2192.

［110］Magat. W A, W. K. Effectiveness of the EPA'S Regulatory Enforcement: The Case of Industrial Effluent Standards ［J］. Journal of Law and Economics, 1990, 33 (2): 331 - 360.

［111］Martijn G. Rietbergen, Kornelis Blok. Assessing the potential impact of the CO_2 Performance Ladder on the reduction of carbon dioxide emissions in the Netherlands ［J］. Journal of Cleaner Production, 2013 (8): 33 - 45.

［112］Oates Kallace E. , The Arsenic Rule: A Case for Decentralized Standard Setting? ［J］. Resources, 2002, 147: 16 - 18.

［113］Panayotou T. Empirical Tests and Policy Analysis of Environmental Degradation at Different Stages of Economic Development ［R］. Working Paper WP238, 1993.

［114］Qian Y, Weingast B R. Federalism as a Commitment to Preserving Market Incentives ［J］. Journal of Economic Perspectives, 1997, 11 (4): 83 - 92.

［115］Sandra Derissen, Martin F. Quaas. Combining performance-based and action-based payments to provide environmental goods under uncertainty ［J］. Ecological Economics, 2013, 85, 77 - 84.

［116］Sauquet A, Marchand S, Feres G. Ecological fiscal incentives and spatial strategic interactions: The case of the ICMS-E in the Brazilian state of Paraná ［R］. CERDI Working Paper No. 19, 2012.

［117］Sigman H. Decentralization and Enbironmental Quality: An International Analysis of Water Pollution ［R］. Working Paper, NBER, 2007.

［118］Tiebout C M. A Pure Theory of Local Expenditures ［J］. The Journal of Political Economy, 1956, 64 (5): 416 - 424.

［119］Wissema W, Dellink R. AGE analysis of the impact of a carbon energy tax on the Irish economy ［J］. Ecological Economics, 2006, 61 (4): 671 - 683.